R Neubauer

Beiträge zu einer Geschichte der römischen Christengemeinde

in den beiden ersten Jahrhunderten

R Neubauer

Beiträge zu einer Geschichte der römischen Christengemeinde
in den beiden ersten Jahrhunderten

ISBN/EAN: 9783743442986

Hergestellt in Europa, USA, Kanada, Australien, Japan

Cover: Foto ©Lupo / pixelio.de

Manufactured and distributed by brebook publishing software
(www.brebook.com)

R Neubauer

Beiträge zu einer Geschichte der römischen Christengemeinde

Städtische
REALSCHULE I. ORDNUNG
zu
ELBING.

No. 20 (12).
Ostern 1880.

Einladung zu der öffentlichen Prüfung
im
Hörsaale der Realschule
am 23. März 1880.

Inhalt:

1. Abhandlung des ord. Lehrer Dr. Neubaor.

2. Schulnachrichten vom Director.

Elbing 1880.
Wernich'sche Buchdruckerei, Accidenz-Abtheilung.

1880. Progr. Nr. 38.

Beiträge zu einer Geschichte der römischen Christengemeinde in den beiden ersten Jahrhunderten.

I.

Seitdem die Apostel, dem Gebote ihres Meisters folgend, für die Ausbreitung seiner Lehre zu wirken begonnen hatten, entstand in Asien und Europa eine Reihe schnell aufblühender christlicher Gemeinden. So wichtig diese Stiftungen auch für die Entwickelung des jungen Christentums waren, ihre Bedeutung verloren sie allmählich, nachdem die Predigt vom Evangelium in der Welthauptstadt Rom einen Kreis von Anhängern gewonnen hatte. Dass hier die Stätte wäre, auf der die neue Religion vorzugsweise ihre Macht entfalten würde, erkannte bereits der Verfasser der Apostelgeschichte, der seinen Bericht von der Entstehung und weitern Ausbreitung der christlichen Kirche mit der Erwähnung der zweijährigen Wirksamkeit des Paulus 'zu Rom schloss. In diesem Ereigniss erblickte Lucas den Abschluss der ersten Periode in der Geschichte des Christentums, dessen weitere Schicksale er vornehmlich an Rom geknüpft sah [1]). Wie die dortige Gemeinde sich bildete, hat er nicht gemeldet. Sicherlich wird ihre Gründung auf keine hervorragende Persönlichkeit zurückzuführen sein. Wenn wir freilich dem „Normaldogmatiker“ der katholischen Kirche, Perrone, Glauben schenken wollten, so wäre die Richtigkeit der Ueberlieferung, dass der Apostel Petrus der Stifter und zugleich erste Bischof der Gemeinde zu Rom gewesen ist, gegen jeden Zweifel gesichert [2]). Das war auch die Ansicht des Papstes Pius IX., als er seine Zustimmung dazu gab, dass in Rom einer protestantischen Anfforderung katholische Gelehrte Folge leisteten, um an den Abenden des 9. und 10. Februar 1872 im Saale der Academia Tiberina öffentlich über die Frage zu disputiren, ob Petrus nach Rom gekommen sei. Jede Partei schrieb sich schliesslich den Sieg zu, die katholische in der Ueberzeugung, bewiesen zu haben, dass Petrus in der Hauptstadt des Reiches seit den Tagen des Claudius 25 Jahre hindurch die bischöfliche Würde bekleidete [3]). Die darüber vorhandenen Berichte widersprechen nun freilich, wenn man sie unbefangen betrachtet, einer derartigen Annahme, aus welchem Grunde auch bereits im 13. Jahr-

1

hundert die Waldenser nach dem Zeugniss des Dominikaners Moneta [4], und im 14. Jahrhundert Marsiglio von Padua [5]) den Episkopat des Petrus in Rom bestritten. Diese Frage wurde dann im Reformationszeitalter von neuem aufgenommen [6]) und seitdem nicht nur von protestantischer, sondern auch teilweise von katholischer Seite zu Ungunsten der römischen Tradition entschieden [7]). — Aus den Quellen soll nun zunächst der Nachweis geführt werden, wann sich die Ansicht von einer Stiftung der römischen Gemeinde durch den Apostel Petrus und seiner bischöflichen Würde daselbst gebildet hat.

In Folge ihrer einzigartigen Bedeutung für das Christentum hatte die Kirche zu Jerusalem berechtigte Ansprüche auf eine Art Oberhoheit über die andern Christengemeinden. Dieselbe wurde ihr auch willig zugestanden, und noch im vierten Jahrhundert spricht das Concil zu Nicaea von einer „Gewohnheit und alten Ueberlieferung", dass der Bischof von Aelia (Jerusalem) besonders geehrt werde und deshalb auch seinen Nachfolgern diese Ehre zu Teil werden solle [8]). Doch nach der Zerstörung Jerusalems unter Hadrian verlor die Gemeinde daselbst ihren bisherigen Einfluss, und die römische Kirche trat nun derart in den Vordergrund [9]), dass sie bereits gegen Ende des zweiten Jahrhunderts von Irenaeus die „grösste und älteste" genannt wird [10]). Er fügt hinzu, sie sei gegründet durch die Apostel Petrus und Paulus, die dem Linus das Bischofsamt übergeben hätten, welchem Anaclet gefolgt sei, worauf an dritter Stelle von den Aposteln her Clemens das Bistum erhalten habe [11]). Dieser Bericht ist keineswegs, wie behauptet worden ist, ein Zeugniss für Petrus als ersten Bischof Roms, da dann dieselbe Auszeichnung auch für Paulus in Anspruch genommen werden müsste, und Clemens nicht als dritter, sondern als vierter oder fünfter Inhaber des bischöflichen Stuhles erscheinen würde [12]). Auch Eusebius in seiner „Kirchengeschichte" weiss nichts von einer derartigen Stellung des Petrus in Rom. „Nach dem Martyrium des Petrus und Paulus", meldet er, „erhielt als erster Linus den Episkopat über die römische Kirche" (H. E. III, 2); an einer andern Stelle: „In dieser Zeit stand noch Clemens der römischen Kirche vor, der dritte der Reihe nach unter denen, welche nach Paulus und Petrus den dortigen Bischofssitz eingenommen hatten. Der erste nämlich war Linus, und nach ihm kam Anencletus" [13]). Allerdings findet sich bei ihm auch die Nachricht (H. E. II, 14), dass Petrus unter der Regierung des Kaisers Claudius nach Rom gekommen sei, um den aus der Apostelgeschichte (8, 9 ff.) bekannten Simon den Magier zu bekämpfen, der mit Hilfe der Dämonen eine solche Macht erlangt hätte, dass man ihn durch Aufstellung einer Bildsäule wie einen Gott ehrte. Nachdem Petrus ihn entlarvt, empfing er die verdiente Strafe (H. E. II, 1). Welcher Art dieselbe war, berichtet Eusebius zwar nicht, doch wird von anderer Seite gemeldet, dass Simon, um seinen bereits wankenden Ruf durch ein besonderes Kunststück bei der Menge wiederherzustellen, als ein zweiter Icarus gen Himmel zu fahren beschloss. Er flog von Dämonen getragen durch die Lüfte; das

Volk klatschte ihm Beifall. Da betete Petrus zum Herrn: „Wenn ich ein Mann Gottes und wahrer Apostel und Lehrer der Wahrheit bin, so befehle ich den bösen Mächten des von Gott Abtrünnigen, von welchen der Zauberer Simon getragen wird, abzulassen von ihrer Tätigkeit, und ihn nicht mehr festzuhalten, damit er aus der Höhe herabfalle zum Gespötte derer, die er getäuscht hat. Und nachdem ich dies gesprochen, ward Simon von den Kräften losgelassen und stürzte mit grossem Getöse herab, und schwer verletzt brach er sich die Hüfte und die Plattfüsse. Und die Stimme des Volkes sprach: Es giebt nur einen wahren Gott, welchen Petrus predigt. Und viele wandten sich von ihm ab“ [14]). Eusebius meldet dann, dass die Macht des Simon bald geschwunden sei. Die Zuhörer des Petrus aber, mit dem Gebotenen nicht zufrieden, hätten seinen Begleiter Marcus gebeten, ihnen ein schriftliches Denkmal der mündlich vorgetragenen Lehre zu hinterlassen; so sei das nach Marcus benannte Evangelium entstanden, das Petrus als für den Gebrauch der Gemeinde geeignet bestätigt habe (H. E. II, 15). Als Quelle für die Verehrung, welche Simon in der Hauptstadt genossen, benutzt unser Kirchenhistoriker Justinus Martyr, der erzählt, die Römer hätten ihm auf der Tiberinsel eine Statue mit der Inschrift: Simoni deo sancto errichtet (Apol. I, c. 26. 56). Von einem Zusammentreffen des Magiers Simon mit Petrus weiss er aber ebenso wenig etwas, als Irenaeus (C. haer. I, 23, 31) und Tertullian (Apol. 13), welche dasselbe Factum melden. Dieser Bericht beruht nun allerdings auf einem Missverständniss. An dem von Justin bezeichneten Orte der Insel S. Bartolomeo wurde 1574 die Basis einer ehemaligen Statue ausgegraben, dem Semo Sancus, einer sabinischen Gottheit geweiht, deren Inschrift den christlichen Schriftsteller zu jener unrichtigen Angabe verleitet haben muss, da in der klassischen Literatur keine Mitteilung über einen Simon Magus und eine ihm errichtete Statue sich findet [15]).

Während in den bisher gemusterten Stellen Angaben über einen römischen Episkopat des Petrus sich nicht finden, meldet derselbe Eusebius in seiner „Chronik" an einer Stelle bereits von einem Aufenthalt des Petrus als Bischof zu Rom, der ein Vierteljahrhundert gedauert habe. Den Beginn desselben setzt er in das zweite Jahr des Claudius 42 n. Chr., in welchem Jahre Petrus zur Bekämpfung des Simon Magus nach Rom gekommen sein sollte, und lässt ihn mit dem fälschlich dem Jahre 67 zugewiesenen Tode des Apostels schliessen [16]). Andererseits enthält die „Chronik" auch wieder eine mit den vorher aus der „Kirchengeschichte" ausgehobenen Stellen übereinstimmende Notiz, dass Linus erster Bischof gewesen sei „nach Petrus", wobei der Zusatz keine Nachfolge des Petrus, sondern nur eine Zeitangabe ausdrückt. [17]) — Den 25jährigen Episcopat des Petrus hat auch der Liberianische Papstcatalog aus dem vierten Jahrhundert überliefert, freilich aus einer älteren Quelle, da er in seinem ersten bis auf den Tod des Papstes Urban i. J. 230 reichenden Teile der um diese Zeit redigirten Chronik des Bischofs

1*

Hippolyt angehört[16]). Hierin weicht nun aber die Berechnung des Beginns der bischöflichen Tätigkeit des Apostels von der des Eusebius ab, da wunderbarer Weise schon im Jahre 30 Petrus sein Amt angetreten und bis zu seinem Tode im Jahre 55 geführt haben soll. Die Unzuverlässigkeit dieses Papstverzeichnisses ersieht man auch daraus, dass der dritte Nachfolger des Petrus, Anencletus, in einen Cletus und Anacletus geteilt wird[19]). Die früheren Berichte zusammenfassend, meldet Hieronymus gegen Ende des vierten Jahrhunderts, dass der „Apostelfürst" im zweiten Jahre des Claudius zur Bekämpfung des Simon Magus nach Rom gekommen sei und daselbst 25 Jahre lang den Bischofssitz bis zum letzten Jahre des Nero inne gehabt habe, worauf er gekreuzigt und im Vatikan begraben sei (de vir. ill. 1).

Die bisherige Untersuchung hat gezeigt, dass die älteste nachweisbare Quelle für den römischen Episcopat des Apostels ein confuser Bericht aus dem dritten Jahrhundert ist. Veranlasst wurde die Erzählung von dem Aufenthalt des Petrus in Rom seit dem Jahre 42 durch den Mangel an Nachrichten über den Wirkungskreis desselben seit seiner Befreiung aus dem Kerker unter Herodes Agrippa I., die man in das genannte Jahr setzte. Lucas sagt (A.-G. 12, 17), nachdem er die Rettung des Petrus erzählt: „Und so ging er hinweg und zog an einen andern Ort." Derselbe ist nach der Tradition, wie wir sie kennen gelernt haben, Rom gewesen. Diese Ueberlieferung steht nun aber in unlösbarem Widerspruch zu den sonstigen Angaben der Apostelgeschichte (C. 15) und des Galaterbriefes (2,11 ff.), wonach Petrus noch in den Jahren 44 und 52 in Jerusalem weilt[20]); sie ist besonders unvereinbar mit dem Römerbrief aus dem Jahre 59, in dem sich nicht der leiseste Hinweis auf den angeblichen berühmten Stifter und Vorsteher der Gemeinde findet; [21]) unvereinbar ist sie mit dem daselbst (15,20) und sonst (2. Cor. 10,16) ausgesprochenen Grundsatz des Paulus, dass er nicht auf fremden Grund baue; unvereinbar mit dem aus der Gefangenschaft zu Rom geschriebenen Brief an die Philipper (2, 20—21), worin sich der Apostel beklagt, dass er keinen Gleichgesinnten in der Hauptstadt habe: „denn sie suchen alle das Ihre und nicht das, was Jesu Christi ist." [22]) Auch der zweite Brief an den Timotheus mit seiner Nachricht, dass Paulus bei seinem ersten Verhör vor Gericht keinen Beistand gehabt habe, sondern dass alle ihn verlassen hätten (4. 16—17), spricht nicht für eine Anwesenheit des Petrus in Rom.[23]) Solchen Tatsachen gegenüber ist auch Döllinger's Annahme, dass Petrus nicht während der ganzen Zeit seines 25jährigen Episcopats sich in Rom aufgehalten habe, [24]) durchaus nicht genügend, um die Tradition zu stützen.

Verschieden von dieser ungeschichtlichen Ueberlieferung ist der durchaus glaubwürdige Bericht, dass Petrus seine letzten Lebensjahre in Rom zugebracht und dann in der neronischen Verfolgung den Märtyrertod erduldet hat. Diese Nachricht teilt Eusebius selbst aus einer Schrift des Origenes mit (H. E. III, 1): „Petrus scheint den in Pontus, Galatien,

Bithynien, Cappadocien und Asien zerstreut lebenden Juden gepredigt zu haben. Zuletzt ($\epsilon\pi i$ $\tau\epsilon\lambda\epsilon\iota$ = gegen Ende seines Lebens) kam er auch nach Rom und wurde dort mit dem Kopfe nach unten gekreuzigt, wie er selbst zu leiden gewünscht hatte."[23]) — Wir besitzen darüber aber noch ein älteres Zeugniss[24]) in dem gegen Ende des ersten Jahrhunderts[25]) verfassten Briefe des römischen Bischofs Clemens, den er im Auftrage seiner Gemeinde an die Corinther schrieb. Nachdem der Verfasser an einer Reihe von Beispielen den Nachweis geführt hat, dass schon in alter Zeit aus Eifersucht viele Uebel entsprungen seien, führt er in c. 5 fort: „Doch übergehen wir die Beispiele der Vorzeit und kommen wir zu den uns zunächst stehenden Glaubenskämpfern. Nehmen wir die edlen Vorbilder unseres Zeitalters. Aus Eifersucht und Neid wurden die gewaltigsten und die gerechtesten Säulen (der Kirche) verfolgt und hatten bis zum Tode zu kämpfen. Stellen wir uns die guten Apostel vor Augen. Petrus erduldete als Opfer ungerechter Eifersucht nicht ein- oder zweimal, sondern vielfach Leiden und nachdem er so Glaubenszeuge geworden, gelangte er an den ihm gebührenden Ort des Ruhmes. Aus Eifersucht und Streit erlangte Paulus den Preis für die Ausdauer, er, der siebenmal Ketten getragen, zur Flucht gezwungen, gesteinigt worden ist. Ein Herold geworden im Morgen- und Abendlande, gewann er den herrlichen Ruhm seines Glaubens, und nachdem er die ganze Welt Gerechtigkeit gelehrt und bis zu der Grenze des Westens gekommen und vor den Regierenden Glaubenszeuge geworden, ist er so aus der Welt geschieden und an den heiligen Ort eingegangen, als das grösste Vorbild der Ausdauer."[26]) Obwohl der Ort des Märtyrertodes — denn so ist $\mu\alpha\rho\tau\upsilon\rho\eta\sigma\alpha\varsigma$ aufzufassen, weil nach Clemens' ausdrücklicher Bemerkung Personen vorgeführt werden sollen, die aus Eifersucht und Neid den Tod erlitten[27]) -- nicht genannt ist, so muss doch, da im 6. Capitel die Opfer der neronischen Verfolgung in Rom aufgezählt werden, die Hauptstadt als der Schauplatz der letzten Leiden ($\tau\delta\tau o\iota$) des Apostels betrachtet werden, weil sonst nach der Bemerkung Weizsaeckers „die Einheit des Bildes verloren gehen würde, wenn nicht Petrus selbst der Führer dieser römischen Märtyrer wäre".[28]) Unter der Voraussetzung der Echtheit des Briefes von Ignatius an die Römer hätten wir auch aus dem Anfange des zweiten Jahrhunderts einen Hinweis auf die Anwesenheit des Apostels Petrus in Rom Er sagt c. 4, 3 (Ausgabe von Zahn 1876 p. 72): „Nicht wie Petrus und Paulus gebiete ich euch." Diese Worte können nur so verstanden werden, dass der Verfasser an ein Wirken beider Apostel zu Rom geglaubt hat.[29]) — Es meldet ferner Dionysius, Bischof von Corinth (bei Euseb. H. E. II, 25) aus der Mitte des zweiten Jahrhunderts in einem Schreiben an die römische Gemeinde, dass Petrus und Paulus die Kirche zu Rom und Corinth gegründet, dann in Italien zu gleicher Zeit gelehrt und den Märtyrertod erduldet hätten. Dieses Zeugniss führt freilich die Stiftung der corinthischen Gemeinde neben Paulus auch auf Petrus zurück — eine falsche Folgerung aus dem ersten Corintherbrief (1, 12)[17]), die selbst noch Döllinger zieht.[18]) Auch das von Muratori aufgefundene Fragment einer Aufzählung heiliger Schriften erwähnt den Märtyrertod Petri[19]), und der römische Presbyter Cajus kennt um das Jahr 200 bereits die Siegeszeichen (τρόπαια, vielleicht Denksteine) der Apostel, die für Petrus auf dem Wege nach dem Vatican, für Paulus auf der nach Ostia führenden Strasse sich fänden[20]).

In neuerer Zeit sind nicht nur die auf den Aufenthalt Petri in Rom bezüglichen Angaben des zweiten und dritten Jahrhunderts unglaubwürdig befunden, sondern auch das dem ersten Jahrhundert angehörige Zeugniss des Clemens-Briefes für die behandelte Frage als nicht massgebend angesehen worden. Man hat behauptet, dass der römische Bischof nur von Paulus sicher zu melden wisse, wo er gestorben sei, von Petrus aber selbst zweifelhaft lasse, ob er überhaupt den Märtyrertod erlitten habe, da der betreffende Ausdruck auch Uebel anderer Art, die der Apostel erduldet, habe bezeichnen können[24]). Diese Bedenken sind nach dem vorher Bemerkten als hyperkritisch abzuweisen. Schwieriger dagegen ist die Lösung der Frage, ob die ebionitische Clemens-Literatur, wie man nachzuweisen versucht hat, auf die kirchliche Literatur des zweiten Jahrhunderts von solchem Einfluss gewesen ist, dass nur durch sie die Tradition von einem Auftreten des Petrus in Rom sich bildete. In der dortigen Gemeinde hätte man die Angaben der „Clementinen" benutzt, um die Behauptung, dass die römischen Bischöfe Nachfolger des Petrus seien, in die weitesten Kreise dringen zu lassen. Diese fälschlich dem Clemens Romanus beigelegten Schriften sind ein religiöser Roman, dessen Held Clemens, ein Verwandter des Kaiserhauses ist. Die Erzählung von den Abenteuern desselben ist nur der Rahmen, innerhalb dessen eine durch den Apostel Petrus vertretene Geheimlehre vorgetragen wird. Eine hervorragende Rolle in dieser Dichtung spielt ausserdem der Zauberer Simon, der Repräsentant aller magischen Künste, welcher von Petrus bekämpft und durch die Städte Syriens bis nach Rom verfolgt wird. Als Gegner erscheinen beide dann auch in den aus dem dritten Jahrhundert stammenden Philosophumena (VI, 20) des Hippolyt[37]) und, wie wir gesehen, in einigen Literaturerzeugnissen des vierten Jahrhunderts. Es ist nun die Ansicht der tübinger Schule, dass die „Clementinen", die von ihr der Mitte des zweiten Jahrhunderts zugewiesen werden, in ihrer Grundschrift sogar einer noch früheren Zeit angehören sollen[38]), eine jüdische Tendenzschrift sind, in der unter der Maske des Simon Magus der Apostel Paulus bekämpft werde. „Der Kern der Sage", sagt Lipsius[39]), „ist nichts als ein vollständig ausgeführtes Zerrbild des Heidenapostels, dessen Züge bis in's einzelne hinein die Person, die Lehre und die Lebensschicksale des Paulus persifliren sollen." Diese antipaulinische Gestalt der Petrussage sei dann im Schooss der römischen Kirche dahin umgebildet worden, dass die in der ebionitischen Quelle feindlich auftretenden Apostel in der kirchlichen Literatur als friedlich zusammenwirkend geschildert werden. — Eine derartige Hypothese kann nun aber auf Wahrscheinlichkeit keinen Anspruch erheben, so lange die Ansichten über die Entstehung der in einer dreifachen Gestalt als „Homilien". „Recognitionen" und „Epitome" überlieferten Clementinischen Schriften noch soweit auseinandergehen, als es bis jetzt der Fall ist. Während Lipsius bereits in der verloren gegangenen Grundschrift dieses Werkes, über die ebenfalls verschieden geurteilt wird, die Erzählung von der Disputation des Simon Magus und Petrus nicht nur im Orient, sondern auch in Rom finden will, hält Uhlhorn den letztern Bericht für eine ursprünglich nicht beabsichtigte spätere Erweiterung des Geschichtsstoffes. Auch die Epitomatoren, welche zuletzt die Ereignisse zusammenstellten, wüssten nichts von einem Zusammentreffen des Apostels mit Simon[⁴⁰]). Ueber die Zeit, in welcher diese in den „Recognitionen" vorliegende Erweiterung erfolgte, differiren gleichfalls die Meinungen in dem Masze, dass hiebei die Jahre von c. 150 bis 220 genannt werden[⁴¹]). Unter solchen Umständen hat man, wie gesagt, kein Recht, die Berichte des Origenes, Dionysius, Cajus und Tertullian über den gemeinsamen Märtyrertod der beiden Apostel in Rom durch die „Clementinen" beeinflusst sein zu lassen, zumal der Simons-Sage darin in keiner Weise gedacht ist.[⁴²]) Die besonders von Lipsius verteidigte Annahme, dass Simon Magus kein anderer als Paulus sei, ist überdies auch noch nicht zweifellos. „Die judenchristliche Ueberlieferung", sagt Hase (Kirchengeschichte ¹⁰ (1877) p. 33), mag einzelne Züge aus dem Leben des Paulus auf den Urketzer übertragen haben, doch Visionen waren damals eine gewöhnliche Sache; das Kaufangebot des Simon hat mit der nach Jerusalem gebrachten Collecte nichts gemein als das Geld, und die bestimmteste Beziehung des „feindseligen Menschen" auf Paulus durch die Sendung nach Damascus unterscheidet denselben ebenso bestimmt vom Zauberer." — Die bisher gemusterten Zeugnisse verbieten es, wie wir gesehen, den Aufenthalt des Petrus in der Hauptstadt des Reiches gegen Ende seines Lebens zu leugnen, und man kann nach Hilgenfeld's Ausdruck ein guter Protestant sein, wenn man den Märtyrertod des Apostels in Rom festhält[⁴³]). Dagegen ist die Gründung der dortigen Gemeinde durch ihn mit aller Entschiedenheit zu bestreiten, zumal den wahren Sachverhalt schon der sogenannte Ambrosiaster, ein unter Ambrosius' Namen verbreiteter Commentar über die dreizehn paulinischen Briefe, enthält, dass nämlich die Römer gläubig geworden seien, ohne einen Apostel gesehen zu haben[⁴⁴]).

Die Frage, auf welchem Wege das Christentum nach Rom gekommen ist, lässt zwar keine genaue Antwort zu; doch werden die darüber aufgestellten Vermutungen der Wahrheit wol sehr nahe kommen. Vergegenwärtigen wir uns zunächst die religiösen Verhältnisse der Hauptstadt in den ersten Zeiten des Kaisertums. Der alte Göttercult wurde offiziell noch immer geübt; doch waren bereits im ersten vorchristlichen Jahrhundert Klagen über Unglauben und Verfall der Religion laut geworden. Die Tempel verfielen oder standen leer, die Statuen und heiligen Geräte wurden entwendet, verschiedene Götter waren kaum noch dem Namen nach bekannt [45]). Zwar hatten die ersten Kaiser auch der alten Staatsreligion besondere Aufmerksamkeit zugewendet; doch nicht nur die Gebildeten zeigten sich in religiösen Fragen indifferent, sondern auch das Volk verlor zum Teil das Vertrauen zu seinen Göttern und suchte in anderen Culten religiöse Befriedigung [46]). Noch mehr geschah dies in der Folgezeit. Das kaiserliche Rom, nach einem Ausdruck Senecas (Cons. ad Helv. 6) das „gemeinsame Vaterland" aller Völker, versammelte in seinen Mauern Bewohner aus sämmtlichen Ländern der römischen Monarchie. Mit ihnen kamen auch die fremden, besonders orientalischen Culte nach der Hauptstadt. So war es besonders die ägyptische Isis, die Personifikation der Naturkraft, mit ihrem Gemahl Osiris, dem „König der Götter", deren Cultus in Aegypten bis zu der Zeit hinaufreicht, als die grossen Pyramiden erbaut wurden [47]) und erst im 6. Jahrhundert n. Chr. verschwand [48]): sie waren es, zu deren Verehrung man in Rom sich drängte, um zur wahren Erkenntniss der Gottheit zu gelangen [49]). Man betete ferner zum Sabacius, einer uns wenig bekannten phrygischen Gottheit, zum syrischen Adonis, zur eleusinischen Demeter [50]), durchweg Göttern, die von ihren Bekennern alleinige Verehrung, sowie Busse und sittliche Reinigung verlangten. An ihnen hatte dann das später auftretende Christentum keinen unbedeutenden Rivalen, und nur „seiner innern Ueberlegenheit über die verwandten Strömungen in dem religiösen Leben der damaligen Zeit" verdankt es den Sieg über dieselben [51]). — Die meiste Anziehungskraft übte von den fremden Culten der jüdische in Rom aus. Römische Frauen und Freigelassene waren es besonders, die sich zu ihm hingezogen fühlten. Man las die heiligen Schriften der Juden, besuchte die Synagogen, feierte den Sabbat durch Enthaltung von allen Geschäften, und sandte die Tempelsteuer nach Jerusalem [52]).

Ueber eine Anwesenheit von Juden zu Rom liegen bereits aus dem zweiten vorchristlichen Jahrhundert Nachrichten vor. Zur Zeit der Maccabäer erscheinen Juden, allerdings nur vorübergehend als Gesandte in der Hauptstadt [53]). Aus dem Jahre 139 v. Chr. berichtet Valerius Maximus, dass die Juden, weil sie zu ihrem Sabbat italische Proselyten zugelassen, durch den römischen Fremdenprätor gleichzeitig mit sämmtlichen „Chaldäern" aus Rom vertrieben seien [54]). Seit der Eroberung Jerusalems durch Pompejus im Jahre 63 v. Chr. befanden sich viele Juden als Kriegsgefangene in Rom, die zum Teil wieder freigelassen waren, weil sie sich in das römische Leben durchaus nicht fügen wollten. Dies sind die „Libertiner" der Apostelgeschichte (6,3). Aus ihnen bildete sich in Rom die Judengemeinde, die schnell an Ausdehnung gewann, besonders seitdem Cäsar als eifriger Beschützer derselben aufgetreten war [55]), dessen Tod auch vorzugsweise von den Juden betrauert wurde [56]). Ihre Wohnsitze befanden sich auf dem linken Tiberufer in der vierzehnten Region, wohin alle „schmutzigen Gewerbe verbannt waren" [37]). Später finden wir Juden auch im Centrum der Stadt. Ihre Bedeutung war, abgesehen von ihrem Cultus, keineswegs zu unterschätzen, da sie als geschickte Handelsleute schnell zu Reichtum gelangten [58]) und durch enges Zusammenhalten ihre Stellung auch den Machthabern gegenüber behaupteten [59]). Ueberdies wussten die Mitglieder der Herodianischen Königsfamilie ihren Einfluss am römischen Hofe häufig zu Gunsten ihrer Glaubensgenossen geltend zu machen; und wie gross dieser war, dafür sprechen besonders die Beziehungen der Bernice, der Schwester Agrippa's II., zu Vespasian und Titus [60]). — Wenngleich nun das Gesetz und kaiserliche Gunst die Juden vor Benachteiligung schützte, ja ihnen sogar mancherlei Vorrechte gewährte [61]), so bot Glaube und Sitte derselben doch den römischen Schriftstellern vielfach Veranlassung zu satirischen Bemerkungen. So sollten sie einen Esel anbeten [62]), das Schwein als Gottheit verehren, dem Bacchus Feste feiern. Auch nahm man grossen Anstoss an der strengen Sabbatheiligung und der Beschneidung [63]). — Die jüdische Gemeinde hatte ihre besondere Verfassung, über die vier in der Nähe von Rom aufgedeckte jüdische Begräbnissstätten uns vorzugsweise Aufschluss gewähren [64]). Aus den in ihnen gefundenen Inschriften ersieht man unter anderm, dass die Juden der Hauptstadt, welche acht Synagogen besassen [65]), sich besonders der griechischen Sprache bedienten, da die Grabschriften zum grössten Teil in ihr abgefasst sind [66]), wie denn überhaupt das Griechische auch in Palaestina damals sehr verbreitet war [67]).

Aus dieser jüdischen Gemeinde ist auch das Christentum Roms hervorgegangen. Wann zum ersten Male die Predigt des Evangeliums in derselben gehört wurde, ist nicht bekannt. Die Annahme, dass zur Zeit des Pfingstwunders in Jerusalem anwesende Festbesucher die Kunde von der neuen Lehre nach ihrer Vaterstadt gebracht haben, findet an der Apostelgeschichte keine Stütze. Die c. 2 v. 20 genannten „römischen Fremdlinge" können auch in der Hauptstadt Palaestinas ansässig gewesen sein, da der dort gewählte griechische Ausdruck für „Fremdlinge" ($\epsilon\pi\iota\delta\eta\mu\upsilon\tilde{\upsilon}\nu\tau\epsilon\varsigma$) nicht notwendig die Annahme eines nur vorübergehenden Aufenthalts jener Römer in Jerusalem verlangt [68]). Viel wahrscheinlicher ist es, dass durch den regen Verkehr, welcher zwischen der römischen Judenschaft und der palästinensischen stattfand, Bekenner des Evangeliums nach Rom kamen [69]). Nicht ohne heftigen Widerspruch von Seiten der Juden konnte das Christentum sich daselbst ausbreiten. In diesem Sinne dürfen wir wol die Stelle aus Sueton (Claud. 25) deuten, dass Claudius die Juden, welche auf Anstiften des Chrestus fortwährend tumultuirten, aus Rom vertrieben habe. Da der Name Christus häufig von den Heiden Chrestus ausgesprochen wurde [70]), so wird man hiebei eine unrichtige Darstellung der tatsächlichen Verhältnisse durch den römischen Geschichtsschreiber annehmen [71]) und an Streitigkeiten über die Person Christi [72]), nicht aber an einen unbekannten jüdischen Aufwiegler Chrestus denken müssen [13]). In Folge dieser Massregel, von der auch das Ehepaar Aquila und Priscilla betroffen wurde (A.-G. 18, 2), erfolgte wahrscheinlich eine Trennung der Christen von der Synagoge [74]). Dieselben schlossen sich, nachdem das Edict des Claudius ausser Kraft getreten war, zu einer eigenen Gemeinde zusammen und wurden durch neue Mitglieder in solcher Zahl verstärkt, dass zu der Zeit, als Paulus seinen Brief schrieb, etwa 6 bis 7 Jahre später [75]), die Kirche zu Rom von dem Apostel wenn auch vielleicht hyperbolisch als „weltbekannt" bezeichnet werden konnte (1,8). Diese Christen hielten sich wie die der Gemeinde zu Antiochia (A.-G. 11, 19 ff.) nicht durch das jüdische Gesetz gebunden, wenngleich es auch unter ihnen ängstliche Gemüter gab, die einzelne Gebräuche des Judentums beobachten zu müssen glaubten [76]). Die Gemeinde, deren Friede in den ersten Jahren ihres Bestehens durch judaistische Irrlehren nicht gestört war, scheint zu der Zeit, als Paulus mit ihr Verbindungen anknüpfte, ähnlichen Gefahren ausgesetzt gewesen zu sein wie die Kirchen in Galatien und Corinth. Eine Agitation gegen die heidenchristliche Hauptlehre von der Rechtfertigung durch den Glauben machte sich bemerkbar, welche betonte, dass die Gleichgültigkeit gegen die altüberlieferte Gottesoffenbarung und das alleinige Vertrauen auf die in Christo erschienene Gnade der Sünde Vorschub leiste [77]). Diese Sachlage, von der Paulus durch römische Christen Kenntniss erlangt haben muss, sowie die Erwägung, dass Rom schon wegen seiner politischen Bedeutung sich vorzugsweise dazu eignete, „das Centrum der Missionspredigt für den Westen Europas zu werden" [78]), veranlasste den Apostel, in einem Briefe den Glauben der Gemeinde zu stärken und sie auf seine baldige von den dortigen Christen gewiss herbeigesehnte Ankunft vorzubereiten. — Dieselbe erfolgte erst einige Jahre später, allerdings unter anderen Umständen, als es vermutet war. Nicht als ein freier Mann, sondern als Gefangener sollte Paulus in der Stadt erscheinen, die er besuchen zu können lebhaft gewünscht hatte. In Jerusalem verhaftet und nach Caesarea gebracht, blieb er daselbst zwei Jahre, bis seine Appellation an den Kaiser jene in der Apostelgeschichte meisterhaft geschilderte Romreise herbeiführte. Nach vielen Monaten landete das Schiff in Puteoli, einer damals sehr wichtigen Handelsstadt am Meerbusen von Neapel. Hier (A.-G. 28, 13—14) wie vielleicht auch in anderen an dem genannten Golf gelegenen Orten [79]) befand sich bereits eine christliche Gemeinde, die den Apostel freundlich aufnahm. Auf der Via Appia kamen ihm Deputationen römischer Christen entgegen, die seinen Mut stärkten. Durch die Porta Capena am Nordostende der Stadt hielt er seinen Einzug. In der Nähe lag die Kaserne der Praetorianer und wol auch die Mietswohnung des Paulus, in der er sich zwei Jahre aufhielt [80]). Drei Tage nach seiner Ankunft suchte er vor einer Versammlung der vornehmsten Juden seine Unschuld, sowie die Berechtigung seiner Missionstätigkeit darzulegen. Dieselbe erklärte, über ihn und seine Religion aus Palaestina keine offiziellen Mitteilungen erhalten zu haben; sie wüssten von dem Christentum auch nur, dass es überall auf Widerspruch stosse. Eine sich daran schliessende Diskussion über christliche Glaubensfragen zwischen dem Apostel und den Juden hatte einen geringen Erfolg (A.-G. 28, 17 ff.). — Die Glaubwürdigkeit dieser Erzählung ist in neuerer Zeit in Zweifel gezogen worden, weil es unwahrscheinlich sei, dass die Juden nur durch Hörensagen vom Christentum etwas gewusst hätten [61]). Derartige Zweifel sind jedoch unberechtigt, da eine Trennung der Christen von den Juden schon früh eingetreten war und bei der ungeheuren Grösse der Stadt die verschiedensten Ansichten neben einander entstehen konnten, ohne mehr als einem kleinen Kreise bekannt zu werden. — Wenn der Apostel auch nicht frei war, so hinderte man ihn doch nicht, ungestörten Verkehr mit seinen Glaubensgenossen zu unterhalten und das Evangelium zu predigen. Diese Predigt blieb nicht ohne Erfolg; denn an die Philipper kann er Grüsse von bekehrten kaiserlichen Dienern bestellen (4,22) [62]) und melden, es sei überall bekannt geworden, dass er wegen seines christlichen Bekenntnisses als Gefangener in Rom lebe (1,13).

· Bis zum Jahre 64 hatte Paulus unter den geschilderten Verhältnissen in der Hauptstadt gewirkt; da fand jenes Ereigniss statt, das so verhängnissvoll für ihn und die ganze Christengemeinde werden sollte. — In der Nacht vom 18. zum 19. Juli des Jahres 64 brach in den Krambuden am Circus, welche mit Brennstoffen angefüllt waren, ein Feuer aus, welches bei den vielen hölzernen Häusern der Stadt einen solchen Umfang erreichte, dass nach 9 Tagen trotz angestrengtester Thätigkeit der Feuerwehr und der Soldaten, die mit Kriegsmaschinen die Häuser niederrissen, von den 14 Regionen Roms 10 in Asche gelegt waren [62]). Nero, welcher beim Beginn des Brandes in dem mehrere Meilen von Rom entfernt liegenden Antium sich befand, kehrte erst zurück, als das Feuer sich seinem Palaste näherte. Obwohl er selbst die Rettungsarbeiten überwachte und für die Obdachlosen in jeder Weise sorgte, entstand doch bei dem Volke der Verdacht, dass der Kaiser selbst der Brandstifter wäre. Auch verschiedene römische Schriftsteller, wie Plinius und Sueton, waren davon überzeugt. Letzterer meldet, dass ein ästhetisches Interesse den Kaiser dabei geleitet hätte, damit die krummen und gewundenen Strassen der Hauptstadt verschwänden. Mag diese Angabe richtig sein oder nicht [63]), jedenfalls suchte Nero sich vor dem erbitterten Volke dadurch zu rechtfertigen, dass er die Christen als die Schuldigen bezeichnete. Tacitus (Ann. XV, 44) erzählt, er hätte die Partei sich gewählt, welche wegen ihrer Schandtaten allgemein verhasst vom Volke mit dem Namen Christen bezeichnet wurde; und Sueton (Nero 16) hält die damalige Bestrafung der Christen „einer Menschenart neuen und schädlichen Aberglaubens" für durchaus gerechtfertigt. Ob bei dem Vorgehen gegen das Christentum Juden ihre Hand im Spiele hatten, wie angenommen wurde [64]), etwa die Gemahlin Neros, Poppaea, welche wahrscheinlich jüdische Proselytin war, bleibt

2*

zweifelhaft. Jedenfalls fanden sich, als man zur Untersuchung schritt, verschiedene Anhaltspunkte für eine Anklage vor, wie „Menschenhass", „verderblicher Aberglaube", „Verbrechen". Es entstand deshalb eine überaus blutige Verfolgung, die durch das Raffinement, mit der die Todesstrafen vollstreckt wurden, selbst das Mitleid des Volkes erweckte, zumal man nach der Bemerkung des Tacitus sich gestehen musste, dass die Unglücklichen nicht dem Staatswohl, sondern der Grausamkeit eines Einzigen geopfert wurden. In die Felle von wilden Tieren genäht überliess man sie der Zerfleischung durch die Hunde, oder schlug sie ans Kreuz, oder benutzte sie, mit Werg überzogen und Pech begossen als Fackeln zur Erleuchtung der kaiserlichen Gärten. An ähnliche Marterscenen denkt auch Clemens Romanus (a. a. O. c. 6), wenn er meldet, dass christliche Frauen die Qualen der Danaiden und der Dirce auszustehen hatten. Wahrscheinlich waren es mythologische Rollen, welche die Verurteilten im Amphitheater zu übernehmen hatten [16]).

Von verschiedenen Seiten ist die Behauptung aufgestellt worden, dass die neronische Verfolgung nicht dem Christentum, sondern den Juden gegolten und Tacitus bei seinem Bericht Verhältnisse des zweiten Jahrhunderts auf die damalige Zeit übertragen habe. Da die Quartiere der Juden bei dem Brande verschont geblieben waren, die Synagoge wol auch ihre Schadenfreude über das öffentliche Unglück nicht unterdrückt hätte, so sei dieser Umstand für die römische Behörde Veranlassung gewesen, Nachforschungen anzustellen und diejenige Partei des Ghetto herauszugreifen, deren Weissagungen von einem Weltuntergange durch Feuer, von Seuchen und Erdbeben vorzugsweise den Wunsch nach einer Vernichtung des Heidentums auszusprechen schienen [17]). Der Bericht des Tacitus lässt nun freilich eine solche Auffassung nicht zu. Nachdem er die Ursache für das Vorgehen Nero's gegen die Christen angegeben, fährt er fort: „Der Urheber dieses Namens Christus ward unter der Regierung des Tiberius durch den Prokurator Pontius Pilatus mit dem Tode bestraft und der für den Augenblick unterdrückte verderbliche Aberglaube brach wieder aus, nicht nur in Judaea, dem Ausgangspunkte dieses Uebels, sondern auch in der Stadt Rom, wohin alle Laster zusammenströmen und gefeiert werden. Daher wurden zuerst diejenigen ergriffen, welche bekannten; darauf wurde auf ihre Anzeige eine grosse Menge nicht sowohl in dem Verbrechen des Brandes, als in dem Hasse des Menschengeschlechts der Schuld überführt" (A. a. O.) Das Bekenntniss, von dem hier gesprochen wird (qui fatebantur), ist nicht das Eingeständniss von Seiten der Ergriffenen, an der Brandstiftung beteiligt gewesen zu sein, sondern die Aussage, dem Christentum anzugehören, welches nach römischer Ansicht von vornherein allen Bestrebungen der civilisirten Welt feindlich entgegentrat (odium generis humani). Der christliche Glaube wurde dann bei vielen constatirt und diese der Strafe überliefert. Die Anklage wegen Brandstiftung war nach dem ausdrücklichen Zeugniss unseres Historikers nur der Vorwand, um sich einer allgemein verhassten Menschenclasse zu entledigen und wurde nach kurzer Untersuchung fallen gelassen[88]). Dass die Worte in dem taciteischen Bericht: „welche das Volk Christen nannte" (quos vulgus christianos apellabat), kein anachronistischer Zusatz des römischen Geschichtsschreibers sind, ergiebt sich nicht nur aus dem frühen Vorhandensein dieses Namens (A.-G. 11, 26)[89]), sondern auch aus dem Umstande, dass Tacitus, welcher bei der Darstellung dieser Vorgänge wol die Quellenberichte durch die Erinnerungen seiner Knabenzeit controliren konnte[90]), nicht als Vermutung, sondern als ein Factum mitteilt, dass die Christen als solche damals verfolgt seien. Eine „Judenhetze" unter Nero ist schon bei dem Einfluss der Poppaea auf den Kaiser, sowie der Begünstigung von Juden an seinem Hofe[91]) durchaus unwahrscheinlich. Unter solchen Umständen kann man mit Nissen behaupten, dass „die Kirchengeschichte gegen ihr eigen Fleisch und Blut wüten würde, wenn sie die grossartige Motivirung des ersten erschütternden Kampfes, den der neue Glaube gegen die heidnische Weltmacht geführt, sich escamotiren liesse"[92]).

In der neronischen Verfolgung hat auch, wie oben bemerkt wurde, mit Petrus zugleich der Apostel Paulus sein Leben verloren; Ueberlieferungen aus dem dritten und vierten Jahrhundert lassen ihn enthauptet werden[93]). Ob es der Christengemeinde gelungen war, die Leichen der hoch verehrten Apostel in jener Schreckenszeit zu bergen, erscheint fraglich[94]). Der Chronograph vom Jahre 354 berichtet zwar von einer Beisetzung, und der Catalogus Felicianus von einer Translation der Gebeine nach anderen Begräbnissstätten; doch ist die Glaubwürdigkeit dieser Nachrichten mit Recht bezweifelt worden[95]).

II.

G. Boissier[1]) macht gelegentlich einer Betrachtung der campanischen Wandgemälde die richtige Bemerkung, dass die Menge derselben uns eine Vorstellung von den Hindernissen gebe, welche das Christentum zu überwinden hatte. Die Religion, gegen welche es auftrat, hatte das ganze Dasein des Menschen in Besitz genommen. Nicht nur die Tempel und öffentlichen Plätze, sondern auch die Privatwohnungen waren mit Götterbildern aller Art angefüllt; darauf fielen die ersten Blicke des Kindes, sie prägten sich allmählich seinem Gedächtniss unauslöschlich ein, und derjenige, welcher sie aufgab, schien mit seiner ganzen Vergangenheit zu brechen. Um so auffälliger ist es, dass die christliche Gemeinde Rom's schon in sehr früher Zeit Mitglieder aus den höchsten Ständen anfweisen kann, denen ein Bruch mit den Traditionen ihrer Familie nicht zu schwer geworden war. Zu diesen darf freilich Seneca nicht gerechnet werden, wie man früher tat [*]), wenngleich die Berührungspunkte zwischen dem römischen Philosophen mit dem Christentum in Ideen und Sprache schon Tertullian (de anima 20) zu der Bemerkung veranlassten: „Seneca spreche oft wie ein Christ", und Lactanz zu dem Ausruf: „Er hätte ein wahrer Verehrer Gottes sein können, wenn jemand ihm denselben gezeigt hätte" (Jnst. div. IV., 21); ja das Concil zu Trident citirt ihn wie einen Kirchenschriftsteller [3]). Gedanken wie die folgenden haben allerdings eine christliche Färbung. „Keiner wird gefunden, der sich vor dem eigenen Richterstuhl freisprechen kann; und wer sich unschuldig nennt, wird bald durch das eigene Gewissen Lügen gestraft werden" (de ira 1, 14); oder: „Die Wohltaten, welche der Schwachheit, der Armut zu Hilfe kommen, oder welche der Schande vorbeugen, müssen im Stillen geschehen und nur demjenigen bekannt werden, dem sie nützen können" (de benef. II., 9); oder: „Der Weise wird seinem Nächsten helfen: er wird selbst gegen die Bösen seine Güte kund tun, wenn er ihnen Vorwürfe macht und sie zu bessern sich bemüht; er wird jedoch eine grössere Freude daran finden, denjenigen zu helfen, welche Schmerz und Widerwärtigkeiten erdulden" (de clem. II., 6); oder: „Der Mensch findet alles gut, was Gott für gut befindet" (Ep. 74); oder: „Dieses Leben ist das Vorspiel eines besseren, wo dem Menschen alle Geheimnisse der Natur geoffenbart werden sollen und wo er in Gemeinschaft mit den schon befreiten Seelen leben wird; der Tod ist der Geburtstag zum ewigen Leben" (con. ad Marc. 25) [4]). Derartige Ideen auf Einflüsse des Apostels Paulus zurückzuführen, der zwei Jahre in Rom sich aufhielt, konnte man um so mehr veranlasst werden, als Senecas Bruder, der Prokonsul Gallio zu Corinth die den Paulus anklagenden Juden zurückgewiesen hatte (A. G. 18, 12—17). Solche Erwägungen [5]) veranlassten jemand, einen Briefwechsel zwischen Paulus und Seneca zu fabriciren, der, so albern er auch ist, den Hieronymus bewog, dem Seneca eine Stelle unter den Kirchenschriftstellern anzuweisen (de vir. ill. 12). Von Christus ist in diesen Briefen nicht die Rede; die Correspondenten interessiren sich überhaupt mehr für Fragen des conventionellen Verkehrs als der Religion. So kann z. B. Paulus sein Bedenken nicht unterdrücken, ob es Recht von ihm sei, in der Briefadresse seinen Namen dem seines hochgestellten Freundes voranzustellen (10), worauf ihn dieser durch den Hinweis auf des Apostels geistige Vorzüge und sein römisches Bürgerrecht beruhigt (11). Er beklagt es ausserdem, dass sich Paulus ganz zurückgezogen habe, wol aus Furcht vor dem Kaiser, der vielleicht dem Paulus den Religionswechsel nicht verzeihen werde (5); und doch sei diese Besorgniss ganz unbegründet, da Nero (7) ebenso wie er und seine Freunde die Briefe des Apostels mit Entzücken gelesen hätten (1). Dieser glaubt indess nicht an die Sympathien des Kaisers für das Christentum; der heidnische Imperator werde sich durch die in den Briefen vorgetragene Lehre verletzt fühlen und Seneca bald seine Ungnade empfinden lassen (8). Der Philosoph verspricht grössere Vorsicht, übersendet ihm auch als Zeichen seiner ganz besonderen Hochachtung ein neu erschienenes Buch von ihm (9); doch macht er gelegentlich seinen „Bruder" und „teuersten Paulus" darauf aufmerksam, dass sein Latein doch ein gar zu schlechtes wäre, und grössere Sorgfalt darauf von ihm verwendet werden müsste (13) [6]. Einen Unterschied in der Sprache der beiden Scribenten erkennt man freilich nicht; vielmehr ist, wie Reuss bemerkt, das Latein des Philosophen derart, dass er es selbst von einem Juden gelernt haben könnte [7]. — Für die Verbreitung dieser Tradition von den Beziehungen des Paulus zu Seneca spricht ausser dem Zeugniss des Hieronymus und Augustin (Ep. ad Maced. 153) auch eine im Jahre 1867 zu Ostia gefundene dem 4. Jahrhundert angehörige Grabschrift eines Annaeus Paulus Petrus, vielleicht eines Freigelassenen der Familie Seneca, der ohne Zweifel Christ war, wie die Verbindung der beiden Apostelnamen zeigt, die sich aus heidnischen Denkmälern nicht nachweisen lässt [8]. — Die eigentümliche Färbung der Philosophie Senecas christlichen Einflüssen zuzuschreiben liegt durchaus kein Grund vor. Sie erklärt sich vielmehr aus dem Charakter des Stoicismus, der wie das Christentum, doch ohne den sittlichen Gehalt desselben, das Bewusstsein einer allgemeinen Schuld lebhaft empfand, zur Selbstverleugnung und Mässigkeit aufforderte und den Menschen mit der Hoffnung auf ein besseres Jenseits tröstete. Ueberdies spricht die Aeusserung des Lactanz schon deutlich genug gegen jene Hypothese, mit der sich zwar ein gläubiges Gemüt, doch keine unbefangene Forschung befreunden kann.

Während .bis jetzt also Beweise dafür nicht erbracht sind, dass der Lehrer Neros Christ war, wird man dagegen eine hochgestellte Zeitgenossin des Seneca ziemlich sicher als christliche Proselytin bezeichnen können. Tacitus (Ann. XIII., 32 [58 n. Chr.), erzählt von einer vornehmen Dame Pomponia Graecina, der Gemahlin des Konsuls Plautius, der Britannien unterworfen hatte, dass sie des „fremden Aberglaubens" (superstitionis externae) angeklagt worden sei. Ihr Mann, dem der Urteilsspruch überlassen war, habe sie nach altem Herkommen in Gegenwart ihrer Verwandten verhört und darauf freigesprochen. Lange Jahre hindurch habe sie darauf in „beständiger Traurigkeit" (continua tristitia . . non cultu nisi lugubri non animo nisi maesto) gelebt, was ihr bald zum Ruhme angerechnet wurde. Unter dem „fremden Aberglauben" ist wahrscheinlich das christliche Bekenntniss zu verstehen. Da nämlich aus Inschriften, welche in dem ältesten Teile der römischen Katakomben des Callistus, der Crypta Lucinae, gefunden wurden, Verwandte der Pomponia Graecina als Christen nachgewiesen sind, zwei Pomponii Bassi und ein Pomponius Graecinus, so wird der Schluss berechtigt sein, dass die Ahnfrau ebenfalls die neue Lehre angenommen hatte, welche ein ernstes, von den Heiden trostlos genanntes Leben von ihren Bekennern verlangte. De Rossi identifizirt diese Frau mit der Lucina, welche jener Begräbnisstätte den Namen gegeben und will in dem Namen, den sie nach der Bekehrung erhalten habe, eine Anspielung auf die ihr durch die Taufe zu Teil gewordene Erleuchtung finden⁹).

Zur Zeit des Domitian (81 — 96) hatte das Christentum bereits unter Mitgliedern der kaiserlichen Familie Anhänger gefunden. Cassius Dio (67, 14) meldet, Domitian habe im Jahre 95 unter vielen anderen Personen auch den Konsul Flavius Clemens, obgleich derselbe sein Neffe war und eine Verwandte des Kaisers, Flavia Domitilla, zur Frau hatte, hinrichten lassen. Gegen beide war die Anklage wegen Atheismus (ἔγκλημα ἀθεότητος) erhoben worden, auf Grund welcher auch viele andere, die jüdische Gebräuche befolgten, verurteilt wurden; an einigen wurde die Todesstrafe vollstreckt, andere verloren ihre Güter. Domitilla wurde nur nach der Insel Pandataria verbannt. Auch Sueton (Domit. 15) beschleunigte die Verurteilung dieses Mannes, der zwar wegen seiner Schwäche und Trägheit nicht besonders angesehen war¹⁰), aber als Vater zweier Söhne, die der Kaiser selbst zu seinen Nachfolgern bestimmt hatte, nicht übersehen werden konnte, den Untergang des Herrschers. Die Hinneigung zum Judentum, welche die Anklage wegen „Gottlosigkeit" veranlasste, ist zweifellos christlicher Glaube, wie denn auch christliche Schriftsteller des zweiten Jahrhunderts, Melito von Sardes (Euseb. H. E. 4, 26) und Irenaeus (5, 30. 3), Domitian ausdrücklich als Christenverfolger bezeichnen. Jüdische Proselyten sind überdies vor Hadrian nicht bestraft worden¹¹). Dass der genannte Clemens Christ gewesen sei, ist zwar erst eine Ueberlieferung des Syncellus, eines Chronisten aus dem 9. Jahrhundert¹²), doch wird dieselbe dadurch als richtig erwiesen, dass Domitilla, deren Christentum durch den heidnischen Geschichtsschreiber Bruttius bezeugt ist¹³), „ihrem Gatten von Dio in religiöser Beziehung ganz gleichgestellt wird"¹⁴).

De Rossi glaubte auch aus Inschriften, die im Jahre 1874 in dem nach Domitilla genannten Cömeterium gefunden wurden, auf ein Eindringen des Christentums in das kaiserliche Haus der Flavier schliessen zu dürfen. Seine Gründe sind folgende. Nach den allerdings sehr abenteuerlichen Acten des Nereus und Achilles sind diese Männer, Kämmerer der Domitilla, auf einem ihnen gehörigen Terrain an der via Ardeatina, neben dem Grabe der Petronilla, der angeblichen Tochter des Apostels Petrus, begraben worden. Nachdem aus einer 1817 an der genannten Stelle, dem heutigen Hofe Tor Marancia, gefundene Inschrift der Beweis geliefert war, dass das Grundstück von der Flavia Domitilla zu einem Grabe überlassen sei, fand man daselbst 1865 eine mit schönen Fresken gezierte Grabstätte, und im Jahre 1874 ebendaselbst die in einer römischen Topographie des 16. Jahrhunderts verzeichnete Basilika der Petronilla. De Rossi entdeckte darin ein Bruchstück des von Papst Damasus (366 — 384) auf Nereus und Achilles gedichteten Elogiums, sowie ein anderes Fragment, das er als sepulcRUM flaviORUM ergänzte. Ausserdem kamen wohlerhaltene Inschriften von einem Flavius Sabinus und seiner Schwester Titiana, einem Presbyter Flavius Ptolemaeus und einer Ulpia Concordia zum Vorschein. Auch fand sich ein ursprünglich als Stütze des Altars bestimmter Säulenschaft mit der Darstellung des Martyriums des Achilles, dessen Name über der Scene steht, sowie ein Gemälde, auf dem eine der beiden Frauengestalten als Petronilla bezeichnet wird. Nach de Rossi ist Petronilla von Petro abzuleiten, dem Ahnherrn der Flavier, und Flavius Sabinus ist ein Sohn des Flavius Clemens und der Domitilla, der ursprünglich mit seinem Bruder zur Thronfolge bestimmt war und nach dem Erlöschen der flavischen Dynastie seinen Familiennamen wieder angenommen hatte [16]). — Da der Begräbnissplatz als Schenkung der Domitilla bezeichnet ist, so wird man schon aus diesem Grunde de Rossis Annahmen über den Stand der hier Bestatteten bezweifeln müssen. Dazu kommt, dass die Richtigkeit seiner Ergänzung des Inschriftenfragments als Sepulcrum Flaviorum nicht so fest steht, um daraus Schlüsse auf das Christentum der kaiserlichen Familie ziehen zu dürfen [10]). Nach de Rossis eigenem Geständniss ist ausserdem das Cognomen Ptolemaeus bei den Flaviern nicht nachzuweisen, sondern nur bei dem Sohne eines römischen Legionssoldaten [17]). Sonach werden wir die Deutung der immerhin wichtigen Funde durch den genialen Katakombenforscher mit Reserve aufzunehmen und in den angeblich kaiserlichen Familienmitgliedern eher christliche Freigelassene oder Clienten der gens Flavia zu sehn haben [18]). — Der christliche Konsul Flavius Clemens ist jedenfalls nicht, wie behauptet worden ist [19]), mit dem römischen Gemeindevorsteher und Verfasser des an die Corinther gerichteten Schreibens identisch, da sich sonst die Erinnerung an einen Bischof, der Verwandter des Kaisers war, kaum verloren haben würde.

Ueber die Fortschritte des Christentums unter den höheren Ständen liegen ferner aus dem zweiten Jahrhundert positive Nachrichten vor. Unter der Regierung des Commodus (180—192) gingen in Rom verschiedene durch Reichtum und Geschlecht hervorragende Personen mit ihrem ganzen Hause zum Christentum über, ohne dadurch an Ansehen zu verlieren [20]), und Septimius Severus (193–211) sah in dem christlichen Bekenntniss mehrerer sehr vornehmer Männer und Frauen keinen Grund, denselben seine Gunst zu entziehn, vielmehr protegirte er sie ganz offen (Tert. ad Scap. 4). —

Die Mehrzahl der christlichen Gemeindemitglieder Roms gehörte dem Mittelstande an. In den Inschriften der Katakomben werden Sachwalter, Aerzte, Buchhalter, Bäcker, Gärtner, Tabernenhalter, Circusdiener erwähnt [21]); selbst Beschäftigungen, die mit dem religiösen Bekenntniss der Christen unvereinbar erscheinen, lassen sich bei ihnen nachweisen. Nicht nur christliche Handwerker, sondern sogar Kleriker verfertigten heidnische Götzenbilder, christliche Weihrauchhändler verkauften ihre Waren an heidnische Tempel, christliche Lehrer unterrichteten ihre heidnischen Schüler in griechischer Mythologie. Beweise dafür liegen

3

zwar für Rom vorläufig noch nicht vor, sondern sind nur für Carthago aus Tertullians Schriften zu entnehmen; da aber in ersterer Stadt die Nationalitäten von drei Weltteilen zusammenströmten und die verschiedenartigsten Elemente in viel höherem Masse als in der Hauptstadt Africas neben einander wohnten und verkehrten, so ist der Schluss auf ähnliche Zustände auch in der Hauptstadt des ganzen Reiches wol berechtigt[21]).

Die christliche Gemeinde Roms, durch die günstigen Verhältnisse dieser Stadt unterstützt, erlangte von Jahr zu Jahr grössere Ausdehnung und Bedeutung, so dass bereits unter Septimius Severus Tertullian dem Heidentum wenn auch rhetorisch übertreibend sagen konnte: „Wir sind erst von gestern, und doch haben wir schon alles, was euch gehörte, erfüllt, die Ratsversammlungen, Zünfte und Dekurien, den Palast, den Senat, das Forum" (Apolog. 37). Statistische Angaben über den Umfang der Gemeinde liegen erst aus der Mitte des dritten Jahrhunderts vor, aus denen man einen Schluss auf die Zahl der Christen Roms in damaliger Zeit zu ziehn vermag. Der Bischof Cornelius (251—253) meldet in einem Briefe an Fabius von Antiochien, es gebe in Rom 46 Presbyter, 7 Diakonen, 7 Subdiakonen, 42 Akoluthen, 52 Exorcisten, Lectoren und Ostiarier und über 1500 Wittwen und Hilfsbedürftige, welche alle die Gnade und Menschenfreundlichkeit des Herrn ernähre (Euseb. H. E. VI, 43). Nach diesen Angaben schätzt man die christliche Bevölkerung Roms in jener Zeit auf 50,000 Seelen[22]), — ein nur geringer Bruchteil der Gesammtbevölkerung[23]).

Mit der Zahl ihrer Glieder wuchs auch das Ansehen der Gemeinde nach aussen, so dass schon gegen Ende des ersten Jahrhunderts Clemens Romanus es wagen durfte, in einem Schreiben an die Corinther, bei denen eine Auflehnung gegen das Presbyterium stattgefunden hatte, mit der ernsten Rüge dieses Uebelstandes die Mahnung zu verbinden, sehr bald den gestörten Frieden herzustellen (c. 65, 1). Noch mehr stieg der Einfluss der römischen Bischöfe im zweiten Jahrhundert, und bereits Tertullian erkannte die Lehrautorität derselben unbedingt an (de praescr. haer. 36), während er freilich später, nachdem er sich von der Kirche getrennt hatte und Montanist geworden war, den damaligen Bischof Zephyrin keineswegs für infallibel hielt[24]). — Als die erste unter den Kirchen der Christenheit fühlte sich Rom auch veranlasst, überall, wo sie es für notwendig hielt, fremden Brüdern Hilfe und Unterstützung zu gewähren. So schreibt der Bischof Dionysius von Corinth in einem Briefe an die Römer und ihren Bischof Soter († 174 [175]): „Ihr habt von Anfang an die Gewohnheit gehabt, dass ihr allen Brüdern die mannigfachsten Wohltaten erwieset und vielen Gemeinden in den verschiedenen Städten Unterstützungen schicktet und auf diese Weise bald die Armut der Dürftigen erleichtertet, bald den in den Bergwerken befindlichen Brüdern den nötigen Unterhalt verschafftet. Durch diese Gaben, die ihr schon von Anfang an zu schicken pflegtet, bleibt ihr als Römer einer von den Vätern ererbten Sitte der Römer treu.

Diesen Brauch hat auch ener würdiger Bischof Soter nicht blos beibehalten, sondern sogar noch gesteigert, indem er nicht blos die für die Heiligen bestimmten Gaben reichlich spendet, sondern auch die in Rom hilfesuchenden Brüder wie ein liebevoller Vater seine Kinder mit gottseligen Worten tröstet" (Euseb. H. E. IV, 23). — Als Centrum der christlichen Welt wurde Rom seit dem zweiten Jahrhundert von einer Reihe angesehener Kirchenlehrer besucht, die für längere oder kürzere Zeit in ihrer Mitte verweilten und in derselben tätig waren. Hier lehrte Justin der Märtyrer, der im Christentum die Wahrheit fand, die er im Heidentum vergeblich gesucht hatte, sein Schüler Tatian und dessen Schüler Rhodon. Sowohl an ihm, wie noch mehr an Polycarp von Smyrna, der ebenfalls für einige Zeit in der Hauptstadt sich aufhielt, fand die römische Kirche in ihrem Kampfe gegen die Irrlehrer willkommene Unterstützung [26]). Des letzteren Schüler Irenaeus hielt sich zur Zeit, als jener starb (155 [156]), lehrend in Rom auf [27]) und kam später während der in Gallien unter Marc Aurel ausgebrochenen Christenverfolgung im Auftrage der Gemeinden zu Lugdunum und Vienna nochmals dorthin, um dem Bischof Eleutherus ein Schreiben zu überbringen, das einen Bericht über die ausgestandenen Leiden enthielt und gleichzeitig die Wiederaufnahme der Montanisten in die Kirche empfahl. (Euseb. H. E. V, 3). In Rom hat Hegesippus aus Palaestina die Resultate eingehender zum Teil auf Reisen gewonnener Studien über kirchliche Fragen in verschiedenen Werken niedergelegt.[28]). Ebendaselbst wurde wahrscheinlich auch derjenige Mann zum Christentume bekehrt, in dem dasselbe einen seiner scharfsinnigsten Apologeten erblicken durfte, der Afrikaner Tertullian [29]). — Rom als Wirkungskreis hatten sich gleichfalls jene Irrlehrer des zweiten Jahrhunderts ausersehen, gegen welche die römische Kirche die Reinheit der durch sie bewahrten apostolischen Tradition schützen zu müssen glaubte. Es liegt nicht in meiner Absicht, näher auf die Massregeln einzugehen, welche die römischen Bischöfe seit Hyginus gegen Gnostiker, Monarchianer und Montanisten ergriffen, hinweisen möchte ich nur darauf, wie diese Kämpfe dazu dienten, das Ansehen des römischen Stuhles immer mehr in den Augen der übrigen christlichen Welt zu befestigen. Zwar musste der römische Bischof Victor († 198 [199]) im Streit um die Osterfeier, in dem er schliesslich die Kleinasiaten von der Kirchengemeinschaft ausschloss, sich mahnen lassen, lieber darauf zu denken, „was dem Frieden, der Einigung und der Liebe zu dem Nächsten zuträglich sei", als auf Uniformirung der kirchlichen Sitte (Euseb. H. E. V, 27); doch hatte Victor seinen Zweck erreicht und „die Kirchen von Ephesus und Smyrna blieben von dem Verkehr mit der allgemeinen Kirche" ausgeschlossen [30]). —

Wenngleich die christliche Bevölkerung, wie schon bemerkt wurde, sich keineswegs fern von den Heiden hielt, vielmehr in Lebensweise, Kleidung und häuslicher Einrichtung sich nicht von ihnen unterschied, mit ihnen in Kaufläden, Werkstätten, auf

2*

Jahrmärkten verkehrte, Kriegsdienste tat, Ackerbau und Handel trieb (Tertull. apol. 42),
so war doch nicht nur das Volk, sondern auch der gebildete Teil der Bewohner Roms
von Vorurteilen der verschiedensten Art gegen dieselbe erfüllt, und der Hass gegen eine
Religion, welche dem Polytheismus notwendigerweise feindlich gegenüber stand, trat oft
genug unzweideutig hervor. Die vulgären Vorwürfe des Heidentums, wie sie noch gegen
Ende des zweiten Jahrhunderts gegen das Christentum erhoben wurden, wiederholt in
dem Dialog „Octavius" des römischen Juristen Minucius Felix der Vertreter der antiken
Weltanschauung Caecilius[31]), dem wahrscheinlich die von Fronto, dem Lehrer Marc
Aurels, gegen das Christentum gerichteten Invectiven in den Mund gelegt sind.[32]) Ihm,
wie zum Teil auch dem wol ebenfalls in Rom zu derselben Zeit lebenden Celsus[33]) ist
diese Religion ein „abgeschmackter und törichter Aberglaube" (c. 9), gut für alte Weiber
(c. 11 c. 13); die Anhänger derselben sind ein „lichtscheues Volk, das auf der Strasse
stumm, in seinem Versteck aber geschwätzig ist" (c. 8); es sind „Leute ohne alle Bildung und Lebensart, voll Rohheit und Ungeschliffenheit", die sich „von ehrbaren Ver-
gnügungen fern halten, keine Schauspiele besuchen, an keiner Procession oder öffentlichen Mahlzeit teilnehmen" (c. 12 cf. Celsus bei Orig. 8,24)[34]). Sie sind Atheisten,
verachten Altäre und Tempel (c. 8. cf. Cels. 8,17), schlagen und lästern die Bildsäulen
der Götter (a. a. O. Celsus 8,38). Ihre gottesdienstlichen Zusammenkünfte sind nur
ein Vorwand für Ausübung schändlicher Laster (c. 9). Bei der Aufnahme neuer Mitglieder wird ein neugeborenes Kind getödtet, seine Glieder werden von den Versammelten
zerrissen und sein Blut getrunken (a. a. O.)[35]). Ihren abgeschmackten und absonder-
lichen Glauben beweisen sie auch durch Anbetung eines Eselskopfes (c. 9). Dieser
Vorwurf, der, wie früher bemerkt wurde, gleichzeitig die Juden traf, wird auch durch
Tertullian (apol. 16) bezeugt und findet eine Illustration in dem 1856 in den Ruinen
der Kaiserpaläste am südwestlichen Abhange des Palatin entdeckten, wol dem zweiten
Jahrhundert angehörigen sogenannten „Spottcrucifix", der in den Kalkanwurf einer Wand
eingeritzten Darstellung einer menschlichen Figur mit einem Eselskopf, an einem Kreuze
hängend, vor der in betender Stellung eine Person steht, und daneben in griechischer
Sprache die Worte: „Alexamenos betet seinen Gott an".[36]). In der Nähe dieses Fund-
orts entdeckte dann Visconti 1870 ein zweites Graffito mit der Inschrift:

AΛEΞAMENOΣ FIDELIS.

Der Ausdruck „fidelis" bezeichnet, wie eine Reihe von Inschriften beweist[37]),
einen Christen, und vielleicht hat Alexamenos gegenüber den Spottreden seiner Kame-
raden im Pädagogium — denn eine Schule für Pagen des Palastes ist wahrscheinlich
die betreffende Fundstätte gewesen — sich selbst damit als „treu seinem Herrn" zu
erkennen gegeben.[38]) Einen Hinweis auf die Verleumdung von der Anbetung eines
Eselskopfes will de Rossi auch auf einem jüngst aufgefundenen Grabstein aus den Kata-

komben gefunden haben, welcher die Abbildung einer Lampe enthält, deren Schnabel in einen langen Hals mit einem Eselskopf anslaufen soll. Doch ist nach Kraus der Charakter desselben zu wenig ausgeprägt, um einen sichern Schluss auf die Bedeutung dieser Zeichnung zuzulassen.[39])

Die Gebildeten wiederholton zwar im allgemeinen jene vom Pöbel gegen die Christen erhobene Anklage nicht, doch waren sie ebenfalls von einer objectiven Beurteilung der christlichen Lehre weit entfernt. Epictet, Lehrer der stoischen Philosophie zu Rom im ersten Jahrhundert, ein „heidnischer Anachoret", wie ihn Martha genannt hat[40]), der wegen der Reinheit seiner Sitten und der Tiefe seiner religiösen Anschauung am höchsten unter allen Stoikern steht, den nach dem Zeugniss des Origenes (c. Cels. VI, 2) auch die gewöhnlichen Leute bewunderten und durch Lecture seiner Schriften sich bessern liessen, er, in dem man früher einen Christen sah[41]), verdammte trotzdem die „Galiläer" und erblickte in ihrer Todesverachtung keine Ueberzeugungstreue, sondern nur „Gewohnheit", eine „Abhängigkeit von eitlen Vorurteilen".[42]) Auch der Stoiker auf dem Thron, Marc Aurel, der den Epictet ausserordentlich hochschätzte[43]), hält die Todesfreudigkeit der Christen für Eigensinn und Trotz, da der wahrhaft Weise mit Ueberlegung und Würde, auch ohne tragisches Pathos in den Tod gehn werde (Meditationen XI, 3). Einen Fortschritt in dieser Beziehung und genauere Kenntniss christlichen Wesens bemerkt man bei dem grossen Arzt Galenus, der seit dem Jahre 164 in Rom lebte. Zwar spricht auch er noch von den „unbeweisbaren Grundsätzen" der Christen, von denen sie nicht abzubringen seien[44]); doch sieht er bereits Lichtseiten bei ihnen und rühmt ihre Todesverachtung, ihr sittenreines Leben und ihre Selbstbeherrschung, „worin sie den wahren Philosophen in nichts nachstehn"[45]) Bevor derartige bessere Ansichten bei einem grössern Kreise Eingang fanden, hatte die Kirche mancherlei Kämpfe zu bestehn gehabt, in denen schliesslich nicht sie unterging, sondern ihre Gegner unterlagen.

Der Zeitraum zwischen den beiden früher geschilderten Verfolgungen unter Nero und Domitian, welche letztere aus vorübergehender Despotenlaune zu erklären ist, brachte den Christen Roms keine Belästigungen. Ohne Grund halten nämlich zwei Schriftsteller des vierten Jahrhunderts die Regierung des Vespasian und Titus für eine ebenfalls dem Christentum ungünstige. Sulpicius Severus, Presbyter in Aquitanien, behauptet (chron. II, 30), Titus habe deshalb die Zerstörung des Tempels zu Jerusalem gewünscht, damit jüdische und christliche Religion gleichzeitig ausgerottet würde; da letztere aus dem Judentum hervorgegangen sei, so würde, wenn die Wurzel erst vernichtet wäre, auch der Stamm leicht zu Grunde gehn[46]). Da nun aber Sulpicius an einer andern Stelle (II, 29) ausdrücklich vor Trajan nur Nero und Domitian als Christenverfolger aufzählt, so kann man aus ersterer Stelle höchstens auf eine christenfeindliche Gesinnung, nicht aber auf Gewaltmassregeln des Kaisers gegen die Christen schliessen. Ebensowenig darf einer Bemerkung des Hilarius von Poitiers, der Vespasian und Decius als Christenverfolger auf eine Stufe stellt, Gewicht beigelegt werden, da andere früher lebende Schriftsteller ausdrücklich dem ersten Kaiser aus dem Hause der Flavier keine Bedrückungen der Christen zuschreiben[47]). Trotzdem verlegt ein aus dem 6. Jahrhundert stammender Papstcatalog in die Zeit des Vespasian den Märtyrertod des römischen Bischofs Linus[48]), dessen Sarkophag man im 17. Jahrhundert aufgefunden haben wollte, eine Annahme, die zwar noch de Rossi vertrat, aber durchaus unbegründet ist[49]). Noch weniger beglaubigt ist das Martyrium eines gewissen Gaudentius, der beim Bau des Colosseums beschäftigt gewesen sein soll; seine Existenz beruht nur auf einer von Marini publicirten apokryphen Inschrift[50]). Die eigentliche Leidensgeschichte der christlichen Kirche überhaupt, wie auch besonders die der römischen Gemeinde beginnt mit Trajan (98—117). Das Christentum wurde jetzt offiziell geächtet und den Gouverneuren der einzelnen Provinzen aufgegeben, die von der Staatsgewalt aufgestellten Grundsätze über das gegen die neue Religion einzuschlagende Verfahren zu befolgen. Die Veranlassung dazu gab eine Anfrage des Statthalters von Bithynien, des jüngern Plinius, um das Jahr 112 an den Kaiser Trajan, wie es mit den Christen zu halten sei, deren Religion in der genannten Provinz den alten Götterkult vollständig zu verdrängen schien. Anonyme Anklageschriften gegen sie waren eingelaufen. Sollte schon die Zugehörigkeit zum Christentum ohne Nachweis von begangenen Verbrechen strafbar sein? Plinius erklärt, er habe diejenigen, welche standhaft bei ihrer Aussage, Christen zu sein, geblieben wären, hinrichten lassen, schon um ihren Eigensinn und ihre unbeugsame Hartnäckigkeit zu strafen; andere, welche vor dem Bilde des Kaisers und den Götterstatuen Weihrauch gestreut hätten, seien von ihm entlassen worden. Trajan billigte im allgemeinen das Verfahren seines Statthalters, erklärte aber, dass künftighin Klageschriften ohne Angabe des Verfassers unberücksichtigt bleiben, diejenigen Personen aber, welche vor Gericht sich als Christen bekannten, bestraft werden sollten[51]). Ob dieses die Christen betreffende Rescript des Kaisers das erste gewesen ist, oder ob es schon vorher kaiserliche Verordnungen gegeben hat, wie behauptet worden ist, ist nicht bekannt. Jedenfalls können in diesem Falle jene Bestimmungen nur ganz allgemein gehalten gewesen sein[52]). Dass nach ähnlichen Grundsätzen auch die folgenden Kaiser gehandelt haben werden, ist für Marc Aurel[53]), vielleicht auch für Antoninus Pius bezeugt[54]). Die von ihnen gegen die Christen erlassenen Gesetze, sowie die früheren und späteren Verordnungen sammelte nach dem Zeugniss des Lactanz (Instit. div. V, 11) der Jurist Ulpianus im dritten Jahrhundert im siebenten Buch seines Werkes „de officio proconsulis", dessen Verlust man um so mehr bedauern muss, als über die Stellung des Staates zur christlichen Religion in den ersten Jahrhunderten die hierauf bezüglichen Angaben der

Kirchenschriftsteller sich zum Teil widersprechen. Wenngleich schon die blosse Zugehörigkeit zum Christentum eine Anklage begründen konnte [55]), so waren die Anhänger desselben noch nicht für vogelfrei erklärt, sondern wurden von den Kaisern gegen willkürliche Bedrückung geschützt [56]). — Als rechtliche Grundlage für Christenverfolgungen genügten die bestehenden Gesetze. Seit Augustus wurde der bis dahin in den Provinzen nur geduldete Kaisercultus vom Staat officiell anerkannt, die verstorbenen Kaiser wurden als Götter verehrt, ihre Bildsäulen erschienen unter den Götterbildern, sie hatten ihren Tempel und für den Dienst an demselben eine besonders organisirte Priesterschaft, die Sodales Augustales [57]). Das Christentum stellte sich der Staatsgewalt nicht feindlich entgegen; es sah in derselben eine göttliche Ordnung (Tertull. apol. 30 bis 33; ad Scap. 2) und betete für das Wohl derselben [58]). Doch als göttliches Wesen vermochte es den Herrscher nicht anzuerkennen: „Ich nenne", sagt Tertullian (apol. 3), „den Kaiser nicht Gott, einerseits, weil ich nicht zu lügen verstehe, andererseits, weil ich ihn nicht zu verspotten wage". Er hält es für eine niederträchtige und verderbliche Schmeichelei, den Imperator „Gott" zu nennen; es sei nicht nur eine Unwahrheit, über die man erröten müsste, sondern eine Beleidigung für den Kaiser (A. a. O. 34). Unter solchen Umständen war nicht nur die Weigerung, sich an den Festlichkeiten zu Ehren der Kaiser zu beteiligen und vor ihren Statuen zu opfern (Tertull. a. a. O. 10. 35) ein Verbrechen; es genügte schon ein unbedachtsam gesprochenes Wort, eine Bemerkung gegen die felicitas temporum, wie die Regierungszeit so vieler Kaiser genannt wurde, um die Lex Julia wegen Majestätsbeleidigung in Anwendung zu bringen [59]), welche bestimmte: „Leute niedern Standes werden den wilden Tieren vorgeworfen oder lebendig verbrannt, die höher Stehenden werden enthauptet [60])". Als Majestätsverbrechen galt auch die Beteiligung an nächtlichen Zusammenkünften, welche schon im Zwölftafelgesetz mit dem Tode bedroht wurde [61]), sowie an unerlaubten Verbindungen. „Wer", sagt Ulpian, „an einer unerlaubten Verbindung teil nimmt, soll mit derselben Strafe belegt werden, wie die, welche mit bewaffneter Hand von öffentlichen Plätzen oder Tempeln Besitz ergriffen haben". Auf Magie stand ebenfalls Todesstrafe [62]). Da nun von Christen Dämonenheilungen vorgenommen wurden, worin Tertullian (apol. 23) einen Beweis für die Göttlichkeit der christlichen Religion erblickte, da sie ferner alles öffentliche Unglück, wie Ueberschwemmungen der Tiber, Seuchen und Hungersnot verschuldet haben sollten (Tertull. apol. 40), so erschien eine Vernichtung dieser Feinde des Staates durchaus gerechtfertigt. Ueber die Verfolgungen, denen die christliche Gemeinde Roms in den beiden ersten Jahrhunderten ausgesetzt war, haben wir nur sehr dürftige Nachrichten. Und doch ist gewiss Rom der Boden gewesen, auf dem Christenblut häufiger als an andern Orten floss, wie denn ein alter Dichter singt:

Sancta es, sanctorum pretioso sanguine Roma [63]).

Die Standhaftigkeit der Märtyrer flösste auch den Heiden Bewunderung ein[64]), und ihr Blut wurde, wie Tertullian (apol. 50) sagt, der Same, aus dem der Kirche neuer Mut und neue Bekenner erwuchsen. Märtyreracten, welche uns die tränenvolle Geschichte der Kirche erzählen [65]), sind, soweit sie auf Glaubwürdigkeit Anspruch machen dürfen, für Rom nur in sehr geringer Anzahl vorhanden, wahrscheinlich deshalb, weil die dortigen Christen in den ersten Jahrhunderten auf die Erwerbung der jenen Erzählungen zu Grunde liegenden Original-Dokumente zu geringen Wert legten[66]). In die Zeit des Trajan verlegt man gewöhnlich[67]) den Tod des Ignatius, der von Antiochia nach Rom geführt sein soll, um hier im Amphitheater von wilden Tieren zerrissen zu werden[68]). Unter Hadrian, der vom Christentum jedenfalls nur sehr unklare Vorstellungen hatte, wie sein Brief an Servianus beweist, worin er Christentum und Serapisdienst verwechselt[69]), sind ebenfalls Christen verfolgt worden, was sich schon aus der Tatsache ergiebt, dass ihm während seines Aufenthaltes zu Athen von Quadratus und Aristides Verteidigungsschriften ihrer Religion übergeben wurden (Euseb. H. E. IV, 3)[70]). Doch erscheint eine so raffinirte Grausamkeit des Kaisers, wie sie in den Märtyreracten des Eustachius und der Symphorosa hervortritt, unglaublich [71]). Von den meisten übrigen in den Martyrologien erwähnten Personen, deren Namensformen nach de Rossi nicht einmal dem zweiten Jahrhundert angehören, kann man mit noch grösserer Wahrscheinlichkeit behaupten, dass sie unter der Regierung des Hadrian nicht den Tod erlitten haben. Ebensowenig steht es fest, dass ein römischer Tribun Quirinus, dessen Grab der genannte Archäolog aufgefunden haben will, unter diesem Kaiser gemartert sei[72]). Die Hinrichtung des Bischofs Alexander meldet auch erst eine Nachricht aus dem 7. Jahrhundert, während ältere Erzählungen, sowie Inschriften, die im Jahre 1855 gefunden wurden, zwar eines Alexander gedenken, der mit einigen Gefährten Glaubenszeuge geworden und an der Via Nomentana nicht weit vom siebenten Meilenstein beerdigt worden ist, doch über den Stand und die Lebenszeit desselben keine Angaben enthalten. Deshalb wird man die Identität des Bischofs und des Märtyrers Alexander mit Recht bezweifeln müssen[73]). Allein beglaubigt ist das Martyrium des Bischofs Telesphorus (Iren. III, 3. Euseb. H. E. IV, 10), dessen Tod jedoch ebenso gut der Zeit Hadrians, als der des Antoninus Pius angehören kann[74]). Unter der Regierung dieses Kaisers entstand jene merkwürdige visionäre Schrift, der „Pastor Hermae“[75]), in dem sich deutliche Spuren einer vorübergegangenen und einer noch zu erwartenden Verfolgung finden. „Es giebt Leute“, heisst es darin, „welche Schläge, Gefängniss erlitten haben und in vielen Gefahren gewesen sind“ (Vis. III, 2), „die für den Sohn Gottes gequält wurden und gestorben sind“ (Sim. IX, 28). Andere leugneten ihre Zugehörigkeit zum Christentum (Vis. II, 2; III, 6. Sim. VIII, 8) und fielen bei der herannahenden Gefahr ab (Sim. IX, 21). Grosse Leiden stehn noch be-

vor; erst nach ihnen kaun eine Erneuerung der Kirche stattfinden (Vis. IV, 2). Unge-
fähr aus dieser Zeit berichtet Justinus Martyr in seiner II. Apologie (1. 2) von der
Verurteilung einer Frau, die von ihrem geschiedenen Manne als Christin denuncirt war
und mit einigen andern Personen für ihren Glauben starb. Justinus selbst erlitt den
Tod, den sein philosophischer Gegner Crescenz herbeigeführt hatte, nebst sechs andern
Christen. Sie wurden, so erzählen die sehr zuverlässigen Acten, „da sie bei ihrem Bekenntniss beharrten, gegeisselt und dann enthauptet. Die Brüder hoben die Leichen auf
und begruben sie, unterstützt von unserm Herrn Jesus Christus, dem Ehre sei von
Ewigkeit zu Ewigkeit" [76]). In das Jahr 162 verlegt de Rossi das Martyrium der
Felicitas und ihrer Söhne. Sie war nach den über sie vorhandenen Acten auf Anstiften
der heidnischen Priester von dem Stadtpräfecten verhört, und als sie zur Abschwörung
ihres Glaubens nicht bewogen werden konnte, zum Tode verurteilt und die Strafe an
ihr und ihren Söhnen auf verschiedene Weise vollstreckt [77]). Ausgrabungen in den
Katakomben des Praetextatus förderten eine Inschrift zu Tage, in welcher unter andern
Heiligen auch Januarius, der älteste jener sieben Söhne, angerufen wird [78]). Ein
historischer Kern wird also in dieser Erzählung nicht zu verkennen sein, doch lassen
verschiedene Umstände eher auf den Anfang des dritten Jahrhunderts als die Zeit des
Martyriums schliessen [79]). Dem Martyrologium des Erzbischofs Ado von Vienne aus
dem 9. Jahrhundert folgend, verlegt de Rossi, durch Funde in den Katakomben des
Callistus veranlasst, aus dem dritten Jahrhundert in die Zeit des Marc Aurel den Tod
der als Schutzpatronin der Musik verehrten Caecilia. Einer Senatorenfamilie angehörig
wurde sie heimlich Christin und bekehrte an ihrem Hochzeitstage auch ihren Bräutigam
und dessen Bruder zum Christentum. Ihr religiöses Bekenntniss wurde später entdeckt
und sie deshalb enthauptet. Im 9. Jahrhundert entdeckte man ihre Grabstätte und
brachte die Leiche nach der ihr zu Ehren errichteten Kirche. Im Jahre 1599 fand der
Kardinal Sfondrati dieselbe wieder auf und barg sie unter dem neu errichteten Hoch-
altar, vor dem er die Statue Madernos aufstellte, welche die Heilige in der anmuts-
vollen Lage zeigt, in der sie im Tode hingesunken war, auf der rechten Seite ruhend,
die Arme ungekünstelt am Körper haltend, das getreue Abbild einer Schlafenden [80]).
Aus der Regierungszeit des Commodus (180—192) wissen Eusebius (H. E. V, 21) und
Hieronymus (catal. c. 42) von dem christlichen Glaubenszeugen Apollonius, einem
römischen Senator, zu erzählen, der auf Grund einer von einem Sklaven ausgegangenen
Denunciation trotz seiner „sehr geistreichen Verteidigungsrede" zum Tode verurteilt
wurde. Ob mit ihm gleichzeitig der Ankläger das Leben verlor, ist zweifelhaft, wenn-
gleich Eusebius dieses berichtet [81]). In die Zeit des genannten Kaisers fällt auch die
Vorgeschichte des späteren Bischofs Callistus. Als Sklave eines christlichen Beamten
Carpophorus hatte er mit dessen Geld ein Bankgeschäft errichtet; wegen grosser wahr-

4

scheinlich selbstverschuldeter Verluste suchte er sich den Vorwürfen seines Herrn durch
die Flucht zu entziehn, wurde aber von diesem eingeholt und in die Tretmühle ge-
sperrt [*]), aus dem er jedoch bald auf Bitten einiger Christen befreit wurde. Um zu
seinem Gelde zu gelangen, drang er an einem Sabbat in die Synagoge, um seine
jüdischen Schuldner zu mahnen, wurde aber deshalb wegen Störung des Gottesdienstes
von dem Stadtpräfecten in die Bergwerke Sardiniens geschickt, aus denen er mit einigen
andern daselbst befindlichen Christen durch den Einfluss der Geliebten des Kaisers
Marcia, die wahrscheinlich Christin war [*3]), befreit wurde. Er erhielt dann später von
dem Bischof Zephyrin die Aufsicht über das nach ihm benannte grosse Cömeterium [*4]).

Wie diese grossen Katakombenanlagen entstehn und unverletzt bleiben konnten,
während das Christentum als religio illicita von dem heidnischen Staate in jeder Weise
verfolgt wurde, ist eine Frage, deren Lösung de Rossi durch den Hinweis auf die
Organisation der „Sterbekassen-Vereine“ (collegia funeraria) gegeben hat. Von den
Juden hatte das Christentum die Sitte übernommen, die Leichen zu beerdigen, wie denn
in Jerusalem altjüdische und christliche Gräber kaum zu unterscheiden sind [*5]). Zwar
war diese Sitte auch den Heiden nicht ganz fremd [*6]), doch hatten die Christen noch
besondere Gründe, die Leichen der Erde zu übergeben. Wenngleich Minucius Felix
(Octav. 34. cf. 11) es in Abrede stellt, dass der Gedanke an die leibliche Auferstehung
die Christen von der Verbrennung der Todten abhalte, so war der Volksglaube doch ein
anderer, wie z. B. eine zu Rom gefundene Grabschrift den Grabschänder mit der Strafe
bedroht, „er soll nicht begraben werden und nicht auferstehn“ [*7]). Darum wünschten
auch die christlichen Märtyrer im allgemeinen lieber durch das Schwert zu sterben, als
in den Flammen oder unter dem Angriff wilder Tiere ihr Leben auszuhauchen [*8]). Man
betrachtete es demnach als heilige Pflicht, die Leichen zu beerdigen. Um nun ihren
Grabstätten Unverletzlichkeit zu sichern und sich ungestört in denselben versammeln zu
können, fühlten die Christen sich veranlasst, dem Beispiel der durch das Gesetz ge-
duldeten Vereine zur Bestattung der Todten (collegia tenuiorum) zu folgen und gleichfalls unter
dem Schutz eines solchen Collegiums die staatliche Garantie für die Unverletzlichkeit ihrer
Kirchhöfe zu erlangen [*9]). So erweiterte sich allmählich jene unterirdische Todtenstadt, deren
Anfänge vielleicht bis in das erste Jahrhundert zurückreichen [*90]), zu dieser ungeheuren
Ausdehnung, die der Grösse der Hauptstadt entsprach. Mancherlei Veränderungen erlitt
sie im Laufe der Zeiten, der Gothensturm liess auch in ihr unauslöschliche Spuren zurück; doch lange bevor sie in Trümmer sank, hatte die Religion, welche sie entstehen liess,
siegreich ihre Welteroberung begonnen.

Anmerkungen.

Verschiedene Untersuchungen, die einzelne Punkte vorliegender Abhandlung berühren, besonders in Zeitschriften, sind dem Verfasser nicht zugänglich gewesen.

I.

S. 3. [1] cf. K. Schmidt: Anfänge des Christentums in der Stadt Rom. (1879). p. 4. In der „Sammlung von Vorträgen" her. v. Frommel und Pfaff. II. 3.

[2] Perrone: „Praelectiones theologicae" Ed. XXI (1854) T. II, § 553: Cum nullum factum historicum tanta scriptorum monumentorumque conspiratione universali, constanti, perenni firmatum ac constitutum sit, cujusmodi est istud de Petri in Urbem adventu, episcopatu atque martyrio, jure merito concludimus, aut omnem historiae fidem esse denegandam, aut certe factum istud necessario admittendum. bei Hase: „Polemik" [4] (1878) p. 124. In ähnlicher Weise urteilt de Smedt (Bollandist): „Dissertationes selectae in primam aetatem historiae ecclesiasticae". Gandavi 1876 p. 27. Ein anderer Verteidiger der römischen Kirche, Boulx, der in einem dreibändigen Werke: „de Papa" 1869 für das Vatikanische Concil die Unfehlbarkeit des Papstes zu beweisen versuchte, erklärte jedoch die Leugnung der Anwesenheit Petri in Rom und seines Martyriums daselbst nicht für häretisch, da diese Tatsachen seien, die nicht zum Glauben gehören, nur müsse man glauben, dass Petrus Bischof von Rom gewesen sei, was immer möglich sei, auch wenn er irgendwo anders gelebt habe und gestorben sei cf. Friedrich: „Zur ältesten Geschichte des Primats". (1879). p. 205—206.

[3] „Im neuen Reich" 1872 I p. 498 ff. W. Krafft in den „Theolog. Arbeiten aus dem rheinisch. wissenschaftl. Prediger-Verein". Elberfeld (1874). II p. 161.

S. 4. [4] Die Stellen aus Moneta und Marsiglio bei De Smedt: „Dissertationes" p. 1.

[5] Marsiglio, Rector in Paris, lebte zeit 1325 oder 1326 an dem Hofe Ludwigs des Baiern, den er in dem „Defensor pacis" gegen den Papst verteidigte cf. Lorenz: „Deutschland's Geschichtsquellen im Mittelalter" II [2] (1877). p. 301 ff.

[6] De Smedt a. a. O. p. 2. Bleek-Mangold: „Einleit. in das N. T." (1875). p. 654.

[7] Bleek-Mangold a. a. O. Zu den daselbst genannten kathol. Gelehrten ist ferner zu rechnen: Friedrich a. a. O. u. Kraus: „Roma Sotterranea". 2. Auflage. 1879 p.39u.40. Unter den jetzt lebenden protestant. Gelehrten glaubt nur noch Thiersch: „Die Kirche im apost. Zeitalter". Augsburg. 1879. p. 95. die Gründung der römischen Gemeinde durch Petrus nicht leugnen zu dürfen.

[8] Friedrich: „Zur ältesten Geschichte d. Primats" p. 2.

[9] Friedrich a. a. O. p. 12 ff.

[10] Jrenaeus adv. haer. III. 3. 2.

[11] Jrenaeus a. a. O. III, 3. 3.

[12] cf. Hase: „Polemik" [4] p. 130. Friedrich a. a. O. p. 28.

[13] Euseb. H. E. III, 21. Andere Stellen III. 4. IV, 1.

S. 5. [14] Constit. apost. VI, 9. Uebersetzung von Boxler. (1874). p. 186—187. Die Schrift ist in ihrer gegenwärtigen Gestalt nicht nach dem 5. Jahrhundert anzusetzen cf. Cunitz in Lichtenbergers „Encyclopédie des sciences religieuses". Paris III (1878) p. 399. „Dieser Sturz des Zauberers vom Himmel ist ein Hauptstück der kathol. Legende geworden, wie die lebensgrossen Bilder in der St. Peterskirche und in Maria degli angeli zeigen." Holtzmann: „Ausiedelung des Christentums in Rom" (1874) p. 37.

4*

¹⁵) Die Inschrift auf der Statue: Semoni Sanco Deo Fidio Sacrum . . Dedit bei Orelli Nr. 1860. Auf der betreffenden Tiberinsel befand sich ein Collegium von bidentales zu Ehren des Semo Sancus, das auch durch andere Inschriften bezeugt ist cf. Renan: „les apôtres." Paris 1866 p. 275 und Otto in seiner Ausgabe der Werke Justins. Vol. I⁵ (1876) p. 79—80.

¹⁶) Euseb chronicorum canonum quae supersunt ed. Schoene. II (1866) p. 150. 153. 157. 211.

¹⁷) Euseb. a. a. O. p. 156. 157.

§. 6. ¹⁸) Der Catalog führt diesen Namen deshalb, weil er bis zum Amtsantritt des Papstes Liberius 253 reicht. Ueber ihn vergl. Mommsen: Ueber den Chronographen vom J. 354 („Abhandlungen der philolog.-histor. Classe der Königl. Sächsischen Gesellschaft der Wissenschaften" Bd. I 1850) p. 582 ff., dessen Resultate acceptirten: Lipsius: „Chronologie der römischen Bischöfe bis zur Mitte des vierten Jahrhunderts." Kiel 1869 p. 40 ff. und in den „Jahrbüchern für protestant. Theologie" 1880 p. 80 ff., sowie Duchesne: „Etude sur le liber pontificalis" (Bibliothèque des écoles françaises d'Athènes et de Rome Vol. I) Paris 1877 p. 127 ff. Dass die dem Catalogus Liberianus zu Grunde liegende Bischofsliste der Chronik des Hippolyt entlehnt sei, wird von dem Engländer Hort in der Recension von Lipsius' „Chronologie" bestritten, seine Ansicht über von Lipsius als unhaltbar abgelehnt in den „Jahrbüchern f. pr. Th." 1880 p. 84—85. Dagegen giebt Lipsius die von ihm in der „Chronologie" p. 58 aufgestellte Behauptung als unrichtig auf, dass Hippolyt, um die durch seine chronologische Fixirung der Amtsdauer des Petrus entstandene Lücke von 55—67 auszufüllen, einen Cletus und Anacletus erfunden und für den nächsten Nachfolger eine von den Angaben aller übrigen Cataloge abweichende Berechnung der Amtsjahre aufgestellt habe. Er schliesst sich den Ausführungen Horts an, dass die Verwirrung mit einer einfachen Verschiebung der Ziffern zusammenhängt a. a. O. p. 86 ff. Die beiden Namen Cletus und Anacletus mag Hippolyt einer unbekannten Quelle entlehnt haben.

¹⁹) Dass Cletus und Anacletus nicht zwei Persönlichkeiten gewesen sind, wird jetzt auch von römischer Seite angenommen. Man vergl. darüber die Citate bei Döllinger: „Christentum und Kirche in der Zeit der Grundlegung." 2. Aufl. (1868) p. 320—21. Colombier in der: „Revue des questions historiques." Paris 1876. 1ᵉʳ Avril p. 413. Unrichtig ist also die gegenteilige Ansicht Herzogs in der „Realencyklopädie für protest. Theologie" III² (1878) p. 287.

²⁰) Holtzmann in Schenkels „Bibel-Lexikon" IV (1872) p. 492. Godet: „Commentaire sur l'épitre aux Romains." Paris 1879 I p. 79.

²¹) Dass der Name des Petrus unter den vielen Grüssen in c. 16 vermisst wird, ist im Text nicht hervorgehoben, weil die Verse 16. 1 - 20 von verschiedenen Seiten als nicht zum Briefe gehörig betrachtet werden. Ich nenne nur Reuss: „Gesch. der heil. Schriften Neuen Test." 5. Aufl. 1874 p. 102. H. Scholz („Jahrbücher für deutsche Theologie" 1876 p. 107—110). Weizsäcker (Ebenda p. 264). Der Abschnitt soll ein Stück aus einem nach Ephesus gerichteten Schreiben sein, besonders wegen der Erwähnung des Epaenetus, der „Erstling von Asien" genannt wird. Godet a. a. O. p. 87 und Hilgenfeld: „Einleitung in das N. Test." (1875) p. 321 halten ihn für einen Bestandteil des Römerbriefs.

²²) De Smedt: „dissertationes" (1876) p. 17 giebt dafür die schwächliche Erklärung, dass diese Ausdrücke nicht wörtlich zu verstehen seien. Ohne hinreichende Gründe hat nach dem Vorgang von Baur und Schwegler (cf. Reuss a. a. O. I. pag. 129 — 130) die Authentie des Philipperbriefes beanstandet Holsten in den „Jahrbüchern für protest. Theol." 1876 u. 77.

²³) Unter den Pastoralbriefen ist der II. Timotheus - Brief am wenigsten von der Kritik beanstandet und so betrachtet ihn auch Reuss a. a. O. I. p. 119 ff. als zweifellos von Paulus her-

rührend, und zwar aus der Gefangenschaft vor seinem Tode im Jahre 64. Auch Holtzmann (in Bunsens „Bibelwerk" VIII. (1866) p. 496. 511—512 und „Theolog. Literaturzeitung" v. Schürer 1879 Nr. 26 p. 618 (Der Commentar desselben Verfassers über die „Pastoralbriefe" 1880 war mir nicht zugänglich) scheint denselben teilweise als authentisch anzuerkennen. Selbst Hausrath („Neutestamentl. Zeitgeschichte" III. 1 (1873) p. 87) hält ausser einigen audern auch die im Text angeführte Stelle für echt. In eine zweite Gefangenschaft des Paulus verlegen die Briefe u. a. Bleek a. a. O. p. 568, Mangold (unter der Voraussetzung der Echtheit) a. a. O. p. 564. Huther (in dem Commentar über die Briefe an Timotheus und Titus 4 (1876) p. 25. Godet a. a. O. p. 75, auch wol Weiss („Lehrbuch der bibl. Theologie des N. Test." 5 (1880) p. 203.

S. 7.
24) Döllinger: „Christentum und Kirche" (1868) p. 101.

25) Dass Petrus mit dem Kopfe nach unten gekreuzigt sei, meldet auch Tertullian: de praescr. haer. c. 36.

26) Ob aus dem ersten Petrus-Brief ein Beweis für die Anwesenheit des Apostels in Rom entnommen werden darf, ist durchaus zweifelhaft, da das c. 5. 13 erwähnte Babylon kaum Rom bedeuten kann. cf. Mangold bei Bleek p. 660. Reuss I p. 146 u. Huther im Commentar zu den Petrusbriefen 1877 p. 243. Ueber die jüdische Bevölkerung Babylons in späterer Zeit vergl. Gesenius bei Ersch - Gruber: Encyklopädie VII, p. 23.

27) Diese Ansicht von der Abfassungszeit der Clemens-Briefe vertritt gegenwärtig die Mehrzahl der Gelehrten, vergl. Uhlhorn in Herzog Plitt's „Realencyklopädie" III (1878) p. 255 u. Harnack in der Ausgabe des Briefes (1876) p. LIX und LX. Wieseler hat die Abfassung bald nach der neronischen Verfolgung zu beweisen gesucht, und Keim („Aus dem Urchristentum," Zürich 1878 I p. 17) den Brief in das J. 125 gesetzt.

28) Patrum apostolicorum opera edd. Gebhardt, Harnack, Zahn I. 1 (1876) p. 12—16.

29) cf. Mangold: „Der Römerbrief" (1866) p. 157 und bei Bleek p. 542.

30) Weizsäcker a. a. O. p. 297 cf. Seyerlen: „Entstehung der Christengemeinde in Rom" 1874 p. 61—62. W. Krafft in den „Theolog. Arbeiten aus dem rhein. wissenschaftl. Prediger-Verein" III (1877) p. 189—191.

31) Vertheidigt ist bekanntlich die Echtheit der Briefe des Ignatius besonders von Zahn: „Ignatius v. Antiochien" 1873, und in seiner Ausgabe dieser Briefe 1876, geleugnet von einer ganzen Reihe namhafter Gelehrter. Einer der Letzten, der sich in dieser Frage hat vernehmen lassen, A. Kayser in Lichtenberger's „Encyclopédie des sciences religieuses," Paris VI (1879) p. 465 hält die Briefe für das Werk eines Schriftstellers aus der Mitte des zweiten Jahrhunderts, der sich, um seine kirchlichen Ansichten besser zu empfehlen des Namens eines berühmten Märtyrers bedient hat. Ueber Harnack's Ansicht, dass das Martyrium des Ignatius in die Zeit des Hadrian, der auch Trajan heisst, falle, wodurch viele Bedenken über die Echtheit der Briefe wegfallen würden, („Die Zeit des Ignatius" 1878) urteilt er: „Wir geben zu, dass die Listen der ersten Bischöfe bei den Kirchenschriftstellern seit Irenaeus mit Vorsicht zu benutzen sind, wir halten selbst den Versuch, die Bischofsreihen der verschiedenen Kirchen wiederzufinden, für sehr unfruchtbar, weil die bischöfliche Function im katholischen Sinne des Worts keineswegs existirte. Aber selbst wenn Harnack in Bezug auf die Kirche von Antiochia Recht hätte, so würde daraus nur folgen, dass die alte Kirche sich nicht über den Namen des Autors, wohl aber in Bezug auf die Zeit getäuscht hat." Dagegen hat A. v. Gutschmid sich zum Teil mit Harnack's Resultaten einverstanden erklärt: „Theologische Literaturzeitung" 14. Februar 1880.

§ 8. [32]) cf. Heinichen: „Eusebii scripta historica" III (1870) p. 66.

[33]) Döllinger: „Christentum und Kirche" p. 315 ff.

[34]) Hesse: „Das Muratorische Fragment" (1873) p. 125, Zeile 37. Der Verfasser desselben schrieb nach Hesse vor Irenaeus, Clemens Alex. und Tertullian p. 48; nach Reuss s. u. O. II. p. 32 um 180. Dies ist auch die Ansicht der meisten Kritiker. An der genannten Stelle des Bruchstücks wird zwar nur von der Passio Petri gesprochen ohne Angabe des Ortes, wo sie stattgefunden, doch kann derselbe nur Rom sein, da keine andere Kirche den Anspruch erhoben hat, den Tod des Apostels in ihren Mauern gesehen zu haben. Ueber den Versuch Dressels (1872), Alexandria als Begräbnisstätte des Petrus zu erweisen und die Widerlegung desselben durch Döllinger vergl. Joh. Schmid: „Petrus in Rom." Luzern 1879 p. 16—17.

[35]) Die katholische Kirche hält die τρόπαια für die Gräber der Apostel cf. Joh. Schmid s. a. O. p. 16 bis 20. Doch vergl. Friedrich s. a. O. p. 69 bis 70. — Vielleicht lässt sich auch aus folgender Notiz des Origenes (c. Cels. II, 14) über Phlegon, den Freigelassenen Hadrians ein Beweis für die Anwesenheit des Petrus in Rom ableiten (cf. Harnack in der: „Zeitschrift für Kirchengesch." II, 61): „Phlegon hat in dem dreizehnten oder vierzehnten Buch seiner Chronik, wenn ich nicht irre, bei Christus die Kenntniss einiger zukünftiger Dinge zugestanden; wenn er auch in Folge einer Verwechslung von Petrus statt von Jesus spricht, so legt er doch dafür Zeugniss ab, dass alles eintraf, was und wie er es vorausgesagt." Jedenfalls ist Phlegons Kenntniss vom Christentum (Friedlaender: Sittengesch. III, 534 ist geneigt, sie überhaupt zu leugnen) wie bei seinem Zeitgenossen Sueton nur eine sehr oberflächliche gewesen. Wenn er trotzdem die Erfüllung einiger Prophezeiungen Christi kennt und diese dem Petrus zuschreibt, so könnte dies dafür sprechen, dass des Apostels Ansehn schon damals in Rom so gestiegen war, dass auch ein dem Christentum ferne stehender Kunde von ihm erhalten und seinen Namen mit einigen in Erfüllung gegangenen Weissagungen in Verbindung bringen konnte.

[36]) Zeller: „Vorträge aus Abhandlungen." Bd. II (1877) p. 244—45 besonders auf Grund des Werkes von Lipsius: „Quellen der römischen Petrussage" 1872.

[37]) Verfasst sind sie nach Lipsius („Quellen der ältesten Ketzergeschichte" (1875) p. 138) zwischen 222—235; nach Caspari: „Quellen zur Gesch. des Taufsymbols." Christiania III (1875) p. 403 zwischen 230 und 235; daselbst auch eine Musterung der andern Ansichten.

[38]) Lipsius in Schenkels „Bibel-Lexikon" V (1875) p. 304 und „Quellen der römischen Petrussage" p. 14. 17.

[39]) Lipsius bei Schenkel a. a. O. p. 303.

§. 9. [40]) Uhlhorn bei Herzog-Plitt III, 285—286.

[41]) Die κηρύγματα Πέτρου, die zweitälteste Grundschrift, sind nach Lipsius: „Quellen der röm. Petrussage" p. 17 in den J. 140—145 entstanden. Lehmann („Die clementin. Schriften" 1869) setzt das Kerygma Petri in's J. 160, die jetzt erhaltenen „Homilien" und „Recognitionen" in die Zeit zwischen 160 u. 170 cf. Uhlhorn a. a. O. p. 284. Zahn („Götting. gelehrte Anzeigen" 1876 p. 1437) glaubt, dass kein Stück der Clemens-Literatur vor dem Jahre 200 geschrieben ist; die abendländ. Kirche vor Rufin und Hieronymus habe von dieser ganzen Literatur nicht die geringste Kenntniss gehabt. Auch Harnack („Zeitschrift für Kirchengesch." I (1877) p. 127; II (1878) p. 62 entscheidet sich für eine spätere Zeit der Abfassung. Nach Keim: „Aus dem Urchristentum" I p. 225 sind die „Recognitionen" in ihrer jetzigen Gestalt erst c. 220 entstanden.

42) cf. Hilgenfeld: „Einleit. in d. N. Test." (1875) p. 620—623. Möller in Herzogs „Real-encyklopädie" XIV (1861) p. 394.

43) Hilgenfeld a. a. O. p. 624.

44) Nulla insignia virtutum videntes oeraliquem apostolorum susceperant fidem Christi bei Hilgenfeld a. a. O. p. 303. Im Gegensatz zu der bisherigen Ansicht hat Jac. Th. Plitt (bei Herzog-Plitt I (1877) p. 329—331) die Entstehung des „Ambrosiaster" in die Zeit zwischen 380 und 800 verlegt.

S. 10.   45) Marquardt: „Römische Staatsverwaltung" III (1878) p. 66 ff.

46) Schon zur Zeit des zweiten punischen Krieges gab es eine grosse Menge von Winkel-priestern und Wahrsagern in Rom: Liv. 25, 1 citirt bei E. Plew: „Die Griechen in ihrem Verhältniss zu den Gottheiten fremder Völker" 1876 p. 11 (Danziger Programm). — Ueber die Bemühungen des Augustus und seiner Nachfolger für die Erhaltung der alten Religion vergl. besonders G. Boissier: „la religion romaine." Paris 1878 I 2 p. 74—92. 318—323.

47) Duncker: „Gesch. d. Altertums" I 4 (1874) p. 44.

48) Lepsius bei Herzog-Plitt I (1877) p. 178.

49) Die Teilnahme der Frauen an den Isisfesten veranlasste Tiberius zur Bestrafung der Priester und Schliessung des Tempels, doch ohne Erfolg. Marquardt a. a. O. p. 78.

50) Marquardt a. a. O. p. 76—81. 84. Boissier a. a. O. I p. 364 ff. — Nach L. Fried-länder („de Judaeorum coloniis" 1876 p. 1) hätte die Feier des Sabbats durch die Juden die An-nahme einer besondern Gottheit Sabazius veranlasst, der also kein anderer als Jehovah sei.

51) Schürer in der „Theolog. Literaturzeitung" 1879 p. 375.

52) Marquardt a. a. O. p. 81. Friedlaender: „Sittengesch." III p. 515—516. Eine jüdische Grabschrift in Rom gehört einer vornehmen Proselytin an: Beturia Paulina . . . Proselita . . Nomine Sara Mater Synagogarum Campi et Bolumni bei Schürer: „Gemeindeverfassung der Juden in Rom" (1879) p. 35 Nr. 11.

53) 1. Macc. 8, 17—32; 12, 1—4. 16; 14, 24; 15, 15—24.

54) Mommsen: „Römische Geschichte" II 4 (1874) p. 421.

55) Mommsen: R. G. III 4 (1875) p. 513.

56) Sueton: Caesar c. 84: In summo publico luctu exterarum gentium multitudo circulatim suo quaeque more lamentata est: praecipueque Judaei, qui etiam noctibus continuis bustum frequentarunt.

S. 11.   57) Hausrath: „Neutest. Zeitgeschichte" III, 1 (1873) p. 72.

58) Hausrath a. a. O. p. 77.

59) Mommsen: R. G. III p. 549—550.

60) cf. die Artikel „Bernice", „Herodes d. Gr.", „Herodes Agrippa I u. II" von Schürer in Richms „Handwörterbuch des bibl. Altertums." Heft 2 (1875) und Heft 7 (1877).

61) Die Verteilung von Geld und Getreide an die Juden sollte nach einer Verordnung des Augustus nicht am Sabbat, sondern an dem darauffolgenden Tage stattfinden; Friedlaender, Sittengesch. III, p. 514.

62) Die Veranlassung zu dem Aberglauben von der Eselsanbetung der Juden ist nach einer Vermutung von Graetz darin zu suchen, dass die Bundeslade ursprünglich auf einem 3 Zoll

hoben Stein gestanden habe, auf den dann später nach ihrem Verschwinden der Hohepriester beim Versöhnungsfest das Rauchfass stellte. Die griechische Bezeichnung für einen platten Stein ὄνος „Esel" habe dann bei den Heiden diese Sage entstehn lassen; Diestel in Schenkels „Bibel-Lexikon" V (1875) p. 479.

⁶³) Ueber diese den Juden gemachten Vorwürfe vergl. Geiger: „Quid de Judaeorum moribus atque institutis scriptoribus Romanis persuasum fuerit" (1872) p. 31 ff. Er hält die von Plutarch gemeldete Fabel von der Bacchus-Verehrung für einen zur Unterhaltung der Tischgäste erfundenen Scherz. Plutarch führt auch die Verehrung des Schweines darauf zurück, dass es die Menschen pflügen gelehrt hätte, weil es mit seinem Rüssel die Erde aufwühle. Nach Tacitus (histor. V, 4) vermieden die Juden den Genuss von Schweinefleisch, weil derselbe den Aussatz erzeuge. Geiger p. 37—38.

⁶⁴) Schürer: Die „Gemeindeverfassung der Juden" p. 13.

⁶⁵) Schürer a. a. O. p. 15—17.

⁶⁶) Nur wenige lateinische Inschriften finden sich, keine hebräischen, einzelne hebräische Worte bei den griechischen Inschriften; Schürer a. a. O. p. 14. Die Sprache ist eine barbarische z. B. omnium amicus in einer Inschrift bei Kraus R. S. ² p. 552. Aehnliche Beispiele bei Caspari: „Quellen zur Gesch. des Taufsymbols" III (1875) p. 272.

⁶⁷) Caspari a. a. O. p. 273.

⁶⁸) Wieseler in Herzogs „Real-Encyklopädie" XXI (1866) p. 584.

⁶⁹) Baur: „Kirchengesch. der drei ersten Jahrhunderte" (1863) p. 63. Reuss a. a. O. I p. 96.

⁷⁰) Tertull. apol. 3. ad nat. 1.3. Häufige Beispiele dafür in den Inschriften, z. B. C. J. L. III (1869) p. 736 S. v. Chrestus (aus Spanien), C. J. L. V. 2 (1877) p. 1137 S. v. Chrestus (aus Gallia cisalpina).

⁷¹) Gegen Wieseler a. a. O. p. 585.

⁷²) So Baur „Kirchengesch." p. 431, Mangold: „Römerbrief" p. 39. Keim: „Gesch. Jesu" I (1867)p. 20 u. in Schenkels „Bibel-Lexikon" I p. 544, Reuss a. a. O. p. 96, Schürer bei Riehm p. 238, Hilgenfeld: Einleit. p. 304, Weizsaecker a. a. O. p. 266.

§. 12. **⁷³)** Herzog bei Herzog-Plitt III⁶ p. 243. K. Schmidt a. a. O. p. 16.

⁷⁴) Weizsaecker a. a. O. p. 266.

⁷⁵) Keim bei Schenkel a. a. O. verlegt das Edict des Claudius in das J. 53. Wieseler a. a. O. in das J. 52.

⁷⁶) Gegenüber der vielfach vertretenen Ansicht von dem überwiegend judenchristlichen Charakter der römischen Gemeinde (zuletzt noch von K. Schmidt a. a. O. p. 12 ausgesprochen. Eine Musterung der Vertreter dieser Anschauung hat Holtzmann bei Bunsen VIII, 444 ff. geliefert) hat Weizsaecker a. a. O. p. 249 ff. entschieden den heidenchristlichen Charakter der Gemeinde hervorgehoben, er behauptet aber, dass derselbe ohne paulinische Einflüsse entstanden sei, so auch Harnack („Z. f. Kirchengesch." II p. 57—60), Schürer in der „Theolog. Literaturzeit." 1878 p. 359). Dagegen führt Godet a, a. O. p. 87—88 die erste Verkündigung des Evangeliums wieder auf Pauliner zurück. Die Gründe für das Ueberwiegen des heidenchristl. Elements in der röm. Gemeinde sind folgende: Der Apostel bezeichnet die Leser gleich am Anfange seines Schreibens als zu den Heiden gehörig (1. 5—6); erklärt, dass er auch unter ihnen Frucht schaffen wolle wie unter andern Heiden (1. 13); bemerkt gegen den Schluss, dass er als Heidenapostel sich für berechtigt gehalten habe, ihnen gegenüber eine etwas kühnere Sprache zu reden (15. 15). Er warnt sie ferner nach der Erörterung über den Unglauben der Juden und dessen Folgen (c. 9—11), sich vor Ueberhebung über das verworfene Volk zu hüten (v. 11. 13. 17 ff.) Zwar werden die Empfänger des Briefes in 7,1 als „Gesetzeskenner" bezeichnet; doch muss die Kenntniss des Gesetzes auch bei den Heiden vorausgesetzt werden, da das A. T. beim Gottesdienst nicht entbehrt werden konnte. Den Abraham nennt er 4.1 „unsern Vater", weil er an seine eigene jüdische Herkunft dachte. Daneben gab es aber in der Gemeinde noch judenchristliche Elemente, die, wie c. 14 zeigt, an bestimmten Aeusserlichkeiten im Leben und Wandel festhielten, auf den Genuss von Fleisch und Wein verzichteten und die jüdischen Festtage feierten.

77) Weizsäcker a. a. O. p. 286. 290 ff.

78) Weingarten in Hertwigs „Tabellen" [1] (1872) p. 56.

79) Boissier in der „Revue des deux mondes" 1. Octobre 1879 p. 517 meint, dass Paulus sicher auch einige Städte am Golf von Neapel auf seiner Reise nach Rom passirt habe, wo er ebenfalls christliche Gemeinden gefunden haben werde. Für eine so frühe Anwesenheit von Christen in diesen Gegenden beruft er sich auf die im J. 1862 zu Pompeji entdeckte Inschrift, von der Minervini ein Fac-Simile nahm, welches das Original ersetzen muss, da die mit Kohle gemalten Schriftzüge bereits im J. 1864 verschwunden waren. Die Inschrift, welche zuletzt von Kraus: „Spotterucifix vom Palatin" 1872 p. 14 abgedruckt wurde, ist ausserordentlich verstümmelt, doch glaubt Zangemeister ein Wort cHRISTIAN lesen und darin eine Erwähnung des Christentums finden zu dürfen, ebenso viele andere Gelehrte. Die Richtigkeit dieser Lesung bezweifeln Renan: Der „Antichrist" (1873) p. 146, V. Schultze in der „Zeitschrift f. Kirchengesch." III (1879) p. 477; sie nehmen an, dass es sich in der Inschrift, in welcher noch das Wort vina gelesen wird, um eine Weinannonce handele. Auch Piper („Jahrbücher für deutsche Theologie" 1876 p. 68) verhält sich zur ersteren Deutung ablehnend. — Die Anwesenheit von Christen in Neapel zur Zeit Neros hat V. Schultze: „Die Katakomben von San Gennaro del Poveri in Neapel" (1877) p. 1 in einer Stelle aus dem satirischen Roman des Petronius (c. 141) bezeugt finden wollen, worin Eumolpus allen in seinem Testament mit Legaten bedachten Personen mitteilt, sie erhielten dieselben erst dann, wenn sie seinen Leichnam in Stücke zerschnitten und vor allem Volk aufgegessen hätten, indem hierin eine Anspielung auf die christliche Abendmahlsfeier enthalten sei. Abgesehen davon, dass der Schauplatz der Handlung nach Mommsens Nachweis im „Hermes" 1878 p. 115 nicht Neapel, sondern Cumae ist, so hat Hartmann im „Literarischen Centralblatt" 1878 p. 93 mit Recht gegen diese Deutung geltend gemacht, dass die betreffende Stelle, wie das Folgende und Vergleichung mit Notizen bei andern Schriftstellern (z. B. Tertull. apol. c. 9) zeige, sich auf die Sitten einiger barbarischer Völker z. B. den Scythen beziige.

S. 13.

80) Holtzmann: „Ansiedelung des Christentums" etc. p. 11.

81) Holtzmann: „Judentum und Christentum" (1867) p. 784—785. Hausrath in Schenkels „Bibel-Lexikon" IV p. 438.

82) Der Ausdruck an der betreffenden Stelle: „Die aus des Kaisers Hause" findet seine Erklärung in den Worten einer von Mommsen: „Inscript. regni Neapol." No. 6912 mitgetheilten Inschrift: „Ex domo Caesarum libertorum et servorum" etc., bei Boissier: „la religion romaine" II[2] p. 55.

83) cf. H. Schiller: „Nero" (1872) p. 174 ff.

84) Schiller a. a. O. p. 430 ff. hält diese Anklage für eine Verläumdung. Nissen („Historische Zeitschrift" 1874 p. 345) glaubt an die Schuld des Kaisers, der den Umbau Roms beabsichtigt habe und deshalb „die bequeme Auskunft wählte, das ganze Rattennest mit all seinem Gerumpel den ehrsamen Quiriten über den Köpfen anzustecken."

85) So von Döllinger a. a. O. p. 102—108, Schiller a. a. O. p. 436, Renan („Antichrist" p. 124—126), Hausrath („Neutest. Zeitgeschichte" III, 1 p. 98), Aubé: „Histoire des persécutions," Paris 1875 p. 101, V. Schultze (in Luthardts „Zeitschrift für kirchliche Wissenschaft" 1880 p. 36).

⁸⁵) Joseph. Antiq. 20, 8, 11: ἀποστρέφεις γὰρ ἦν.

S. 14.　　⁸⁶) cf. Harnack zu der Stelle in der Ausgabe der Clemensbriefe (1876) p. 18—19. Seyerlen a. a. O. p. 47.

⁸⁷) Hausrath: „Neutst. Zeitgesch.“ III. 1 p. 98. Schiller: „Nero“ p. 431 f. u. in dem „Commentationes in honorem Theodori Mommseni“ 1877 p. 41 ff.

S. 15.　　⁸⁸) cf. Welzsaecker a. a. O. p. 269—275. Keim, welcher mit Schiller das fateri auf das Bekenntniss der Brandstiftung bezieht, glaubt doch an eine Christenverfolgung: „Aus dem Urchristentum“ I p. 171 ff. Ebenso Harnack in der „Theolog. Literz.“ 1878 p. 582 und W. Grimm in der „Jenaer Literaturzeitung“ 1879 p. 114.

⁸⁹) Gegen Lipsius („Ursprung des Christennamens“ 1873) hat Keim a. a. O. p. 181 die Glaubwürdigkeit der Nachricht in der Apostelgeschichte verteidigt.

⁹⁰) Das Jahr seiner Geburt ist nicht genau bekannt; die meisten nehmen etwa 54 an, Unser 53 cf. Bernhardy: „Römische Literatur“ 5 (1872) p. 744. Teuffel: „G. d. röm. Literatur“ 3 (1875) p. 763 hält es für unwahrscheinlich, dass er in Interamna geboren sei, Rom sei ohne Zweifel der Geburtsort.

⁹¹) Ein jüdischer Schauspieler Alityrus befand sich am Hofe Neros, bei dem er in grosser Gunst stand. Jos. vita 3.

⁹²) „Historische Zeitschrift“ Bd. 32 (1874) p. 337.

⁹³) Tertull. de praescr. 36. Scorp. 15; Euseb. H. E. II, 25,2.

⁹⁴) Renan: „Antichrist“ p. 154 weist nach, dass man oft die Leichen der Verurteilten zurückerhielt, doch hält er es für unwahrscheinlich, dass bei dem damaligen Blutbade eine Bestattung der Apostel durch die Christen möglich gewesen sei.

⁹⁵) Der cat. Felicianus gehört dem 6. Jahrhundert an. Ueber die angeblichen Begräbnissstätten der Apostel cf. Lipsius: „Chronologie“ p. 50—52 und Kraus R. S. ² p. 135 ff. 536 ff.

II.

¹) „Revue des deux mondes“ 1. Octobre 1879 p. 517—518.

S. 16.　　²) So noch C. Schmidt in seinem wertvollen Buch: „Die bürgerliche Gesellschaft in der altrömischen Welt“ 1857 p. 319—321.

³) cf. C. Martha: „Les moralistes sous l'empire romain“ Paris 1872 p. 57, der an einer Reihe von Beispielen die Berührungspunkte zwischen stoischer und christlicher Moral aus Seneca einerseits, sowie aus Bossuet und Fénelon andererseits nachweist.

⁴) Die Citate nach Schmidt: „Bürgerl. Gesellschaft“ etc. p. 304, 310, 311, 317.

⁵) Boissier: „La religion romaine“ II p. 50 sieht die Veranlassung zur Entstehung des Briefwechsels darin, dass das Christentum, nachdem es in die Paläste eingezogen war, sich nach edlen Vorfahren umzusehen begann. Man habe die stolzen heidnisch gebliebenen Senatoren, die ihre Philosophie den obscuren christlichen Aposteln entgegen hielten, demütigen wollen, indem man ihnen zeigte, dass einer ihrer besten Weisen ein Schüler des Paulus gewesen sei.

S. 17.　　⁶) Die Zählung der Briefe nach der Ausgabe bei Fabricius: „Codex apocryphus novi testamenti“ I (1719) p. 892—904.

⁷) Reuss in Herzogs „Realencyclopädie“ XIV (1861) p. 275.

*) Kraus: R. S. [1] p. 555: D. M. | M. Anneo | Paulo Petro | M. Annens Paulus | Filio carissimo cf. Friedlaender III p. 635.

S. 18. *) Friedlaender: „Sittengeschichte" I [1] (1873) p 490—91. Caspari: „Quellen" III p. 281—82, Brockhaus in d. „Theolog. Literaturg." 1876 Nr. 11. Kraus: R. S. [1] p. 44—45. 142—144.

¹⁰) Diese Deutung der Worte contemptissimae inertiae nach Mommsen: „Im neuen Reich" 1871 I pag. 121. Seit Paroulus finden die Meisten darin eine Andeutung christl. Gesinnung. cf. Funk in der „Theolog. Quartalschrift" 1879 p. 559 und Caspari: „Quellen" III p. 283.

¹¹) Hausrath: „Neutest. Zeitgesch." IV [2] (1877) pag. 99.

¹²) Syncellus von Dindorf I (1829) p. 650 und in Schönes Ausgabe der „Chronik" des Euseb. II. p. 162.

¹³) A. a. O. Brottius gehört auch zu den heidnischen Schriftstellern, denen folgend Euseb. in der „Kirchengesch." III. 18 die Verbannung der Domitilla um ihres Glaubens willen berichtet. So Funk a. a. O. p. 549—550. gegen Zahn: „Hirt des Hermas" (1868) p. 49—56. Da in der „Kirchengeschichte", der „Chronik" und bei Syncellus die Domitilla eine Nichte des Clemens genannt wird und der Verbannungsort Pontia heisst, so will man zwei verschiedene Ereignisse berichtet finden und zwei Personen mit Namen Domitilla unterscheiden, eine ältere von Cassius Dio erwähnte, die Gemahlin des Flavius Clemens, eine jüngere durch Eusebius bezeugt, die Nichte des Consuls: De Rossi: „Bulletin d'archéologie chrétienne". Edition française 1875 p. 75—83. Lefort: „Revue archéologique" mars 1875 Hausrath: N. Z. IV [1] p. 101. Kraus: R. S. [1] p. 41—44. — Mommsen nimmt nur eine Domitilla an, hält dieselbe aber nicht für die Gattin, sondern die Schwester des Clemens: „Im neuen Reich" 1871 I p. 121 und: „Inscriptiones orbis Romae" I 1876 (C. J. L. VI. 1) p. 172. Gegen ihn verteidigte de Rossi seine Meinung a. a. O. p. 76 ff.

¹⁴) Funk a. a. O. p. 562.

S. 19. ¹⁵) De Rossi im „Bulletin d'archéologie chrétienne" 1875 p. 6—47. 40 ff.

¹⁶) V. Schultze in der „Zeitschrift für Kircheng." III (1879) p. 473 ergänzt [pue]rum [ann]orum, eine häufig wiederkehrende Formel.

¹⁷) Die Abkürzung H̄P̄ hinter Ηράκλεος las de Rossi zuerst Ηρατιπο, später (p. 74) Ηρα βητερος, da letzteres in christlichen Inschriften nur allein zulässig sei. Es sei demnach auch unter den kaiserlichen Flaviern ein Presbyter nachgewiesen.

¹⁸) So nach Lightfoot (1875) S Berger in Lichtenbergers „Encyclopédie des sciences religieuses" IV (1878) p. 49. V. Schultze (a. a. O.), der dieselbe Ansicht vertritt, verlegt die Inschriften in das 3. oder 4. Jahrhundert. Dagegen haben sich der Deutung de Rossis angeschlossen: Brockhaus a. a. O. p. 291, Hausrath a. a. O. IV [2] p. 102—103 (der freilich nur die beiden Inschriftenfragmente, noch nicht die intacten kannte), Kraus a. a. O. p. 76—87.

¹⁹) Die verschiedenen über die Person des Clemens ausgesprochenen Ansichten sind zusammengestellt von Funk a. a. O. p. 531—535.

²⁰) Euseb. H. E. V. 21 cf Caspari „Quellen" III p. 284.

²¹) Kraus R. S. p 455. V. Schultze in der „Zeitschrift für kirchliche Wissenschaft" 1880 p. 41.

S. 20. ²²) V. Schultze: „Katakomben von San Gennaro" (1877) p. 73 — 74 und in der genannten Zeitschrift p. 41. Sklaven werden in den Inschriften der röm. Katakomben nicht erwähnt, selten Freigelassene (liberti), dagegen findet sich häufig das Wort alumnus als Bezeichnung eines durch heidnische

5*

Barbarei ausgesetzten und durch christliche Barmherzigkeit aufgenommenen Kinder: De Rossi im „Bulletin d'archéologie chrétienne" 1877 p. 42.

[20]) Dies ist die Schätzung von Döllinger: „Hippolytus und Kallistus" (1853) p. 124. P. de Buck bei Kraus: „Die Blutampullen der röm. Katakomben" (1868) p. 38. — Duruy bei Mary (Le nombre des chrétiens etc. in der „Revue des questions historiques" 1er Octobre 1877 p. 518) vergleicht die Zahl der damals zu Rom befindlichen Armen mit den im J. 1876 zu Paris unterstützten Personen und meint, wenn man dasselbe Verhältniss für Rom und Paris annehmen dürfe, nur auf eine Zahl von 15—20.000 Christen zur Zeit des Cornelius schliessen zu dürfen. Gegen diese Berechnung hat Mary mit Recht Einsprache erhoben, ohne sich selbst zu einer positiven Angabe entschliessen zu können p. 519 ff. Delaunay in den: „Comptes rendus de l'Académie des inscriptions et belles lettres" 1879 p. 40—41 zieht ebenfalls Pariser Verhältnisse zur Vergleichung herbei und nimmt 30 — 40.000 Seelen an. Warum übrigens dieser Gelehrte das von Eusebius mitgetheilte Schreiben in das J. 237 verlegt (p. 39), vermag ich nicht anzugeben.

[24]) Bunsen schätzt die Zahl der Bewohner Roms zur Zeit des Augustus auf 1.300.000. Preller auf c. 2.000.000. · Unter Trajan wurde diese Ziffer noch überschritten, cf. Preller in Paulys „Real-Encyklopädie" VI. 1 (1852) p. 508.

[25]) Tertull. de pud. 1. Die Schrift gehört nach Hauck und Harnack („Zeitschrift f. Kirchengesch." II. p. 581) der Zeit nach dem Jahre 207/208 an.

S. 21.   [26]) Caspari: „Quellen" III p. 336—342.

[27]) Caspari a. a. O. p. 514. Zahn: „Weltverkehr und Kirche" (1877) p. 20.

[28]) Caspari a. a. O p. 345—348. Ueber seine Schriften vergl. Welzsaecker in Herzog-Plitt's „Realencyklopädie I. protest. Theologie" V (1879) p. 696 ff.

[29]) Caspari a. a. O. p. 349.

[30]) Zahn: „Weltverkehr u. Kirche" p. 42. Die Geschichte des Streites bei Schürer: Passastreitigkeiten des zweiten Jahrhunderts („Zeitschrift für d. histor. Theologie" 1870 p. 271—273) und Friedrich a. a. O. p. 74 ff.

S. 22.   [31]) Minucius Felix schrieb nach Keim („Celsus wahres Wort" (1873) p. 156) kurz vor 180. Ebert: „Gesch. der christl.-latein. Literatur" (1874) p. 25 verlegt die Abfassung des „Octavius" in den Anfang der Regierung des Commodus, Aubé: „histoire des persécutions" II ² (1878) p. 80 in den Zeitraum zwischen 176—180.

[32]) Aubé a. a. O. p. 93. Renan: „l'église chrétienne." Paris 1879 p. 493.

[33]) Keim a. a. O. p. 275. Aubé a. a. O. p. 195. Ewald („Götting. gelehrte Anzeigen" 1874 p. 11) setzt die Abfassung des „Wahren Worts" von Celsus in die erste Hälfte des Antoninus Pius.

[34]) cf. Just. Apol. I c. 6. Den Vorwurf des Atheismus erhob um diese Zeit gegen die Christen und Cyniker der Rhetor Aristides: „Sie sind in ihrem Wesen den Unfrommen in Palästina gleich; denn wenn bei diesen das Merkzeichen ihrer Unfrömmigkeit darin besteht, dass sie an die höhern Göttermächte nicht glauben, so sind auch jene Philosophen gewissermassen von den Helleuen oder vielmehr von allen höheren Mächten abgefallen" bei Bernays: „Lucian und die Kyniker" (1879) p. 88—89. 103 bis 104 cf. Renan: „l'église chrétienne" p. 309—310.

[35]) cf. Justin I apol. c. 26. Dialogus c. Tryph. 10. Tertull. apol. 2. Athenagoras c. 3 c. 31 c. 34. Die Abfassung (in Rom?) seiner Schrift fällt in die Jahre 176—178: Harnack bei Herzog-Plitt: „Real-Encyklopädie" I p. 749 und Berger in Lichtenbergers „Encyclopédie" I (1877) p. 688.

⁴⁶) *Ἀπέκαμνες αρτει* (= *αιρετω*) *θεορ.* F. Becker: „Spottcrucifix der röm. Kaiserpaläste" **⁴** (1875) p. 17 verlegt die Entstehung desselben in das zweite Viertel des zweiten Jahrhunderts (doch p. 35 anders datirt). Garrucci und Visconti in die Zeit des Hadrian oder etwas später; Kraus: „Spottcrucifix vom Palatin" (1872) p. 18—20 ist eher geneigt, den Anfang des dritten Jahrhunderts dafür anzunehmen.

⁴⁷) Zu den von Kraus: „Spottcrucifix" p. 13 mitgetheilten Belegen ist noch hinzuzufügen die Bellicia fidelis sein bei Becker: „Inschriften der röm. Cömeterien" (1878) p. 34. ferner eine im Jahre 1877 zu Rom gefundene Inschrift: „Filia mea inter fedeles fidelis fuit, inter [paga] nos pagana fuit": „Bulletin d'archéologie chrétienne" 1877 p. 131 ff. Statt [paga]nos, wie Mommsen will, liest de Rossi [alie]nos cf. „Bulletin d'archéologie chrét." 1879 p. 24. In einem Cömeterium zu Tropea in Calabrien kam 1877 eine Inschrift zum Vorschein, in der der Verstorbene „fidelis in christo Jesu" genannt wird: „Bulletin" etc. 1877 p. 97.

⁴⁸) Kraus: „Spottcrucifix" p. 12 ff.

S. 23.　**⁴⁹)** Kraus: Roma Sotterranea² p. 214.

⁵⁰) Martha: „les moralistes sous l'empire romain" (1872) p. 162.

⁵¹) Schmidt: „Bürgerliche Gesellschaft" p. 338.

⁵²) Dissert. IV, 7 cf. Heinrici in den „Wissenschaftl. Vorträgen über religiöse Fragen" III (1879) p. 10.

⁵³) Zeller: „Vorträge und Abhandlungen" I (1865) p. 86.

⁵⁴) Heinrici a. a. O. p. 16.

⁵⁵) Heinrici a. a. O. Die betreffende Stelle ist nur in arabischer und syrischer Uebersetzung erhalten cf. Giessler: „Kirchengesch." I. 1⁴ (1844) p. 168.

⁵⁶) Dieser Gedanke soll nach Bernays (1861) aus einem verlorenen Buch der Historien des Tacitus entlehnt sein: derselben Ansicht sind Overbeck: „Studien zur Gesch. der alten Kirche" I (1875) p. 105 und Görres in Hilgenfelds Zeitschrift 1878 p. 502. Bekämpft ist diese Ansicht von Keim in Herzogs Real-Encyclopädie XVII (1863) p. 166. — Die officielle Ansicht Roms über die Zerstörung Jerusalems enthält die in der „Handschrift von Einsiedeln", der Beschreibung einer Pilgerfahrt nach Rom aus dem 9. Jahrhundert (cf. Wattenbach: „Deutschland's Geschichtsquellen" I³ (1873) p. 119, 209—210) befindliche Inschrift, die auf dem ehemaligen im circus maximus stehenden Titusbogen, welcher im 14. oder 15. Jahrhundert zu Grunde ging, zu lesen war. Sie gehört dem J. 81 an (Wieder abgedruckt von Piper in den „Jahrbüchern für deutsche Theologie" 1876 p. 52 und in den „Inscriptiones urbis Romae latinae" I, (1876 C. J. L. VI, 1) Nr. 944). Es heisst darin, dass Titus „praeceptis patriae (= patris) consiliisque et auspiciis gentem judaeorum domuit et urbem hierosolymam omnibus ante se ducibus regibus gentibus aut frustra petitam aut omnino intemptatam delevit."

S. 24.　**⁵⁷)** Tertull. apol. c. 5. Euseb. H. E. III, 17. Ueber die ganze Frage Görres a. a. O. p. 501 ff.

⁵⁸) Görres a. a. O. p. 522.

⁵⁹) De Rossis Hypothese acceptirte auch Joh. Schmidt: „Petrus in Rom" (1879) p. 19, 21. Doch hat V. Schultze („Jahrbücher für protest. Theologie" 1879 p. 486 cf. p. 760) den Nachweis geführt, dass nicht, wie der Entdecker des Sarkophages, der sehr unzuverlässige Torrigio behauptete, die Inschrift Linus sich auf dem Sarkophag, sondern auf einer gesonderten Tafel befand, die seitdem verschwunden ist. Das S vor dem Namen sei entweder Sanctus zu lesen, wodurch schon der nachconstantinische Ursprung des titulus sich ergebe, oder es gehöre zu dem Eigennamen und charakterisire sich als Fragment eines auf ... SLINUS endigenden Wortes, das also mit dem Namen jenes Bischofs nichts zu tun hat. Seinen Resultaten stimmte bei Kraus (der früher anderer Ansicht war) „Theolog. Quartalschrift" 1879 p. 665.

⁵⁰) Görres a. a. O. p. 533—34 nach Aubé I p. 142.

⁵¹) Plin. ep. X. 97. 98. Der Briefwechsel zwischen Plinius und Trajan war bis zum Ende des 15. Jahrhunderts unbekannt; die einzige Handschrift davon ist jetzt verloren (Teuffel: „Römische Literarur"² p. 790). Nachdem schon früher Bedenken gegen die Echtheit des Plinius-Briefes aufgetaucht waren, wurden sie von neuem geltend gemacht von Aubé: „histoire des persécutions" I p. 210 ff. (obwohl er sich nicht verhehlt, dass seiner Hypothese grosse Schwierigkeiten entgegenstehn. Auch bedient er sich an verschiedenen Stellen desselben als eines echten Documents, so „histoire" I p. 91. 98. 168. 169. 338. 893. 460 ff.² p. 70). E. Desjardins („Revue des deux mondes" 1874 1er décembre p. 636—57 nach Aubé, dessen betreffende Arbeit schon früher in einer Zeitschrift abgedruckt war). B. Bauer („Christus u. die Cäsaren" 1877) hält den Brief für interpolirt; ihm stimmte teilweise bei H. Schiller in der „Jenaer Literaturzeitung" 1877 p. 751). Festgehalten wird die Echtheit u. a. von Overbeck („Theolog. Literaturzeitung" 1876 p. 447), Harnack („Zeitschrift für Kirchengesch." II p. 101), und eingehend vertheidigt von G. Boissier („De l'authenticité de la lettre de Pline au sujet des chrétiens", Extrait de la Revue archéologique 1876), Variot (in der „Revue des questions historiques" 1878 1er juillet p. 110—153). Delaunay (in den „Comptes rendus de l'académie des inscriptions et belles lettres" 1879 p. 35—42). Aubé's Gründe sind besonders folgende: Plinius dürfte als Heide nicht so günstig über die Christen urteilen; er hätte als Rechtsgelehrter das zu beobachtende Verfahren besser kennen und als erster Beamter der Provinz früher gegen das vermeintliche Uebel einschreiten müssen. Dagegen weist man auf die relativ günstige Beurteilung christlicher Sitte durch den Christenfeind Celsus hin (Boissier p. 12), auf den Mangel an Teilnahme für christliches Wesen von Seiten des Heiden, der ausserdem grösseres Interesse für andere Arbeiten, als die Berufsgeschäfte hatte (Variot p. 133—134), auf dieselbe Sprache in dem Briefe, wie bei andern gleichzeitigen heidnischen Autoren (Boissier p. 12. Variot p. 147), auf die Zwecklosigkeit der Fälschung (Boissier p. 12 u. 13. Delaunay p. 42), auf die Bezeugung des Briefes durch Tertullian, bei dem kleine Varianten durch Citirung aus dem Gedächtniss oder Benutzung anderer Quellen zu erklären sind (Variot p. 46. Le Blant in den „Comptes rendus" 1866 p. 366).

⁵²) So Boissier: „de l'authenticité" etc. p. 7 u. 8. Aehnlich Delaunay p. 50—51.

⁵³) Acta mart. Lugd. 12 (Ruinart: „Acta martyrum" 1859 p. 114): Rescriptum fuerat a Caesare, ut confitentes quidem gladio caederentur; hi vero, qui negarent, dimitterentur lucolumes. — Der Präfect Rusticus sagt in dem Verhör zu Justin: Esto . . obseliens . . imperatoriis edictis (Ruinart p. 105). Diese Edikte rühren entweder von Marc Aurel oder Antoninus Pius her.

⁵⁴) Dafür spricht schon seine Fürsorge für den alten Cultus, den Senat und Volk durch die Inschrift ehrten: „ob insignem erga caerimonias publicas curam ac religionem." C. J. L. VI. 1 (1876) Nr. 1001. cf. Thiersch: „Politik und Philosophie" etc. (1853) p. 9. Rubino: „Beiträge zur Vorgeschichte Italiens" (1868) p. 256—62, nicht minder die unter seiner Regierung stattfindenden Christenprocesse in Rom (Justin. II Apol. 1. 2) cf. Overbeck: „Studien" p. 117—118. 127.

S. 25. ⁵⁵) Justin I Apol. c. 2 c. 4. Tert. apol. 3. Athenagor c. 2. Acta martyrum Lugdun. 11 (Ruinart p. 114 nach Euseb. H. E. V. 2): Vor dem verurteilten Attalus wird im Amphitheater eine Tafel hergetragen mit der Inschrift: „Hic est Attalus Christianus".

⁵⁶) Hadrians Rescript an Minicius Fundanus (Euseb. H. E. IV. 9. und am Schluss der I. Apologie Justins) ist zwar von Keim als unecht verworfen (zuerst 1856. Dann: „Aus dem Urchristenthum" I p. 182—184), und nach ihm von Baur: „Kirchengesch. der 3 ersten Jahrhunderte"³ p. 412—444. Overbeck a. a. O. p. 134 ff., Hausrath: Neutest. Zeitgesch. IV² p. 352, Holtzmann

("Historische Zeitschrift" 1879 p. 136), Aubé: „histoire" I p. 263—73, doch mit gewichtigen Gründen
verteidigt von Funk in der „Theolog. Quartalschrift" 1879 p. 108 ff. Für echt halten den Brief
ausserdem: Wagenmann bei Herzog-Plitt V (1879) p. 504, Bayet: „De titulis Atticae christianis."
Paris 1878 p. 8, Renan: „l'église chrétienne" p. 32. — Auf ähnliche Edicte des Antoninus Pius beruft
sich Melito (bei Euseb. II. E. IV, 26), deren Existenz auch Overbeck a. a. O. p. 146 u. Harnack
bei Herzog-Plitt I p. 474 nicht bestreiten. Nur hat man nicht mit Wieseler: „Christenverfolgungen
der Cäsaren" (1878) p. 18 ff., die noch unter dem Namen des Antoninus Pius (Euseb. II. E. IV, 13)
u. Marc Aurel (am Schluss der 1. Apologie des Justin) vorhandenen Edicte darunter zu verstehn,
die entschieden unecht sind cf. Kelm: „Aus dem Urchristentum" p. 185 ff.

57) Marquardt: „Römische Staatsverwaltung" III (1878) p. 89. 443 ff. Boissier: „la religion
romaine" 1 * p. 169 ff.

58) Ein öffentliches Gebet für den Kaiser ist erhalten in dem von Bryennios (1875) aufgefundenen Schluss des 1. Clemensbriefes c. 61.

59) Walter: „Gesch. des römischen Rechts" II ³ (1861) § 803.

40) Paul. Sentent. V. 29. 1 bei L. Blant: „les bases juridiques" etc. („Comptes rendus de
l'Académie des inscriptions et belles lettres" (1866) p. 360.

61) Walter a. a. O. § 803. Le Blant a. a. O. p. 361. Daselbst die im Text angeführte Stelle
aus Ulpian cf. Delaunay a. a. O. p. 48—49.

62) Walter a. a. O. § 807. Le Blant a. a. O. p. 365—370.

63) Bei Kraus: „Die Blutampullen" (1868) p. 28.

64) Beweise dafür bei L. Blant: „Mémoire sur la préparation au martyre". Paris 1874 p. 5. 15.
(Justin. Celsus.)

65) Die Märtyreracten beruhen zum Teil auf Prozessacten der heidnischen Obrigkeit, die sich
die Kirche durch grosse Opfer zu verschaffen wusste; die Beweise dafür hat beigebracht: Le Blant: „les
Acta martyrum et leurs sources" in den „comptes rendus de l'Académie des inscriptions et belles lettres"
1879 p. 210 ff.

66) Duchesne: „Etude sur le liber pontificalis" 1877 p. 192—193. Ausgenommen sind die Acten
des Justinus Martyr, der jedoch erst 1874 canonisirt wurde.

67) Harnack: „Die Zeit des Ignatius" (1878) p. 71 verlegt, wie schon früher bemerkt wurde, den
Märtyrertod des Ignatius in die Zeit des Hadrian.

68) Die Acten seines Martyriums bei Zahn: „Ignatii et Polycarpi epistolae" 1876 p. 301—325.
Zahn setzt die Reise, die Briefe und den Tod des Ignatius in die Zeit zwischen 105—117; „Ignatius von
Antiochien" 1873 p. 61.

69) Vopisc. Saturnin 8 (Das eigene Urteil des Geschichtschreibers über die Christen ebenda
7). Der Brief ist einer Schrift des Phlegon entlehnt und zuletzt abgedruckt in der Sammlung der
Fragmente desselben: „Rerum naturalium scriptores Graeci minores" ed. Otto Keller I (1877) p. 104.
105. Hausrath „N. Zeitgesch." IV ² p. 355 hält den Brief für eine Fälschung, doch ohne Grund cf.
Aubé „histoire" I p. 255—256, II ², 30). Harnack (.Zeitschrift für Kirchengesch." I, 143) Wagenmann
bei Herzog-Plitt V p. 508, Renan: „l'église chrétienne" p. 188—189.

70) Das Jahr der Uebergabe ist zweifelhaft. Fand sie während Hadrians ersten Aufenthalts
zu Athen statt, so ist es das Jahr 123 gewesen, wie Dittenberger und Dumont gezeigt haben cf.
„Jenaer Literaturzeitung" 1876 p. 553. In dieses Jahr setzt auch v. Gutschmid die Abfassung: „De

temporum notia" etc. (1868) p. 27. Andere entscheiden sich für das Jahr 126, in dem Hadrian zum zweiten Male in Athen war; so Renan: „l'église chrétienne" p. 34. Himpel in der „Theolog. Quartalschrift" 1880 p. 124. — Das von den Mechitaristen zu Venedig 1878 herausgegebene Fragment der Apologie des Aristides in armenischer Uebersetzung halten für echt L. Gautier und Massebleau (in der „Revue de théologie et de philosophie", Lausanne XII (1879) p. 78. 227—233) und Himpel a. a. O. Harnack („Theologische Literaturzeitung" 1879 p. 379 lässt die Frage nach der Echtheit unentschieden und wünscht eine sorgfältige Uebertragung (ist jetzt durch Himpel a. a. O. p. 110—116 erfolgt) und Untersuchung der Handschrift. In Bezug auf letztern Punkt versichert Abbé Baunard („Un fragment de l'apologie de Saint Aristide d'Athenes" Arras 1879 p. 9) durch den Mechitaristengeneral, Erzbischof von Trajanopolis auf seine Bitte brieflich die Mitteilung erhalten zu haben, dass die Handschrift zu Zweifeln keine Veranlassung gebe. Renan: „l'église chrétienne" p. VI hält das Fragment für unecht, weil die darin vertretene Theologie einer spätern Zeit angehöre (nach dem 4. Jahrhundert), auch die mytholog. Bildung des Verfassers eines Schriftstellers aus dem II. Jahrhundert unwürdig sei.

71) Eustachius soll vor seiner Bekehrung ein angesehener Feldherr Trajans, mit Namen Placidas, gewesen sein, wovon jedoch die beglaubigte Geschichte nichts weiss. Er wurde nach den Acten mit seiner Familie in einem glühend gemachten Erzstier verbrannt cf Aubé I p. 280—283. Semisch bei Herzog-Plitt IV p.404. Die Acten der Symphorosa hatte nach Overbeck u. a O. p. 139 für unbedenklich erklärt; doch berichten sie Unglaubliches: Die Mutter wird an den Haaren aufgehängt und darauf mit einem grossen Stein am Halse in die Tiber gestürzt; die Söhne werden zuerst gefoltert und dann getödtet, der erste durch einen Stoss in die Kehle, der zweite in die Brust, der dritte in das Herz, der vierte in den Bauch, der fünfte in den Rücken, der sechste in die Seite; der siebente wird gespalten (Ruinart: „acta martyrum" 1859 p. 70 71. Die Geschichte halten Aubé a. a. O. p. 289 und Renan: „l'église chrétienne" p. 253 für eine Nachahmung der jüdischen Erzählung im II. Maccabäer-Buch.

71) Aubé a. a. O. p. 290—91 cf. Kraus: R. S.² p. 93—94.

73) Duchesne: „Etude sur le liber pontificalis" p. 150 151.

74) Lipsius: „Chronologie der römischen Bischöfe" p. 170.

75) „Hermae Pastor". Ravens. Gebhardt et Harnack (1877) p. LXXXII.

S. 27. 76) Ruinart: „Acta martyrum" p. 107. — Die II. Apologie verlegt Engelhardt: „Das Christentum Justins"(1878)p. 80 in das Jahr 146 oder 147 (bei ihm auch eine Zusammenstellung der anderen Ansichten). Aubé: „Saint Justin". Paris 1875 p. 65—76 und „Histoire des persécutions" I p. 334—386 gegen Ende des Jahres 160 oder 161. Zahn („Theologische Literaturzeitung" 1876 p. 446 in den Zeitraum zwischen 144 und 160. Der Tod Justins erfolgt nach Overbeck („Studien" p. 118 Volkmar folgend) während der Regierungszeit des Antonius Pius, nach Aubé; („Saint Justin" p. 33 und „Histoire" etc. I p. 346) im Jahre 163, nach Keim („Protestantische Kirchenzeitung" 1873 No. 28 p. 618) im Jahre 165. Moshakis: Μελεται περι των Χριστιανων ἀπολογητων κτλ. Athen 1876 p. 32 entscheidet sich mit Semisch für 166.

77) Ruinart: „Acta martyrum" p. 72 bis 74.

78) Kraus: „Roma sotterranea" p. 89 bis 93.

79) Aubé: „Histoire" I p. 446. Er vermutet, p. 463 ff., dass die in den Acten genannten Strafen nicht an den Gliedern einer Familie vollstreckt wurden, sondern dass es sich um verschiedene Strafen handele, die zu derselben Zeit an verschiedenen Personen vollzogen wurden.

⁴⁰) Friedlaender „Sittengeschichte" I ⁴ (1873) p. 493 bis 494. Berger in Lichtenberger's „Encyclopédie" II (1877) p. 758—759. Kraus: R. s. p. 167—181 und in der „Real-Encyklopädie des christlichen Altertums" Heft 2 (1880) p. 186—189. An den beiden zuletzt genannten Stellen findet sich auch eine Abbildung der Statue.

⁴¹) Gieseler: „Kirchengeschichte" I. 1 ⁴ p. 176—177. Heinichen: „Eusebii scripta histolea" III (1870) p. 222.

S. 26. ⁴²) Ueber das traurige Loos der zur Tretmühle Verurteilten, die an der Stirn gezeichnet, mit halbgeschorenem Kopf und eisernen Ringen an den Füssen, in einer fürchterlichen Atmosphäre ihr Leben hinbrachten, vergl. d. Schilderung des Appulej. Metamor. I. 9 bei Döllinger: „Hippolytus und Kallistus" p. 117.

⁴³) Nach Aubé: „Le christianisme de Marcia". Paris 1879 p. 11 fällt die ganze Geschichte in die Jahre 186 bis 189 oder 190. Er entscheidet sich für das Christentum der Marcia aus folgenden Gründen. Die „Philosophumena" nennen sie φιλόθεος οὐσα (p. 11. 12), sie hat Sympathien für die Christen (p. 16), die Bekenner des Evangeliums blieben im allgemeinen nicht nur in Rom, sondern auch in den Provinzen unbelästigt (p. 22. 23). Ihre zweideutige Stellung bei Commodus liefere keinen Gegenbeweis (p. 12—13), wie ihm besonders Ceulencer („Revue des questions historiques" 1ᵉʳ Juillet 1876 p. 165—167), geltend machte.

⁴⁴) Hippolyt: Philosophumena IX. 12.

⁴⁵) V. Schultze: „De christianorum veterum rebus sepuleralibus" (1879) p. 3.

⁴⁶) Mommsen: „Im neuen Reich" I p. 115. Marquardt: „Privatleben der Römer" I (1879) p. 362 ff.

⁴⁷) Le Blant: „Les martyrs chrétiens et les supplices destructeurs du corps". Paris 1877 p. 9:
. . . INSEPU
TUS IACEAT NON RE
SURGAT . . (nach Bosio: R. s. p. 436).
Andere Beispiele ebenda p. 10. 12.

⁴⁸) Beweise dafür bei Le Blant a. a. O. p 13—16.

⁴⁹) Diese zuerst von de Rossi aufgestellte und von den meisten Katakombenforschern geteilte Anschauung hat V. Schultze in der genannten Abhandlung p. 4—13 als unrichtig hinzustellen und den Schutz der Gräber aus der den Römern angeborenen Pietät gegen Begräbnisstätten zu erklären versucht. Seine Beweisführung ist mit gewichtigen Gründen bekämpft worden von Kraus: „Theologische Quartalschrift" 1879 p. 662—663 und Holtzmann: „Historische Zeitschrift" 1880 p. 112.

⁵⁰) Kraus: R. S. p. 68 ff. V. Schultze a. a. O. p. 5. 14. Schnaase: „Gesch. der bildenden Künste" III ² (1869) p. 32. Die ältesten bis jetzt gefundenen Inschriften aus den Jahren 107 und 111 datiren: Kraus a. a. p. 70. 71. — In einer der ältesten und zuerst (1578) wieder entdeckten Katakomben, dem coemeterium Ostrianum fand Armellini 1876 ein Inschriftenfragment, in dem er den Namen des Petrus lesen wollte, woraus man weitgehende Schlüsse für den römischen Aufenthalt dieses Apostels zog (z. B. Joh. Schmid: Petrus in Rom (1879) p. 21—22). Doch hat erst 1878/79 eine genauere Untersuchung dieser Katakombe durch die archäologische Commission stattgefunden, deren Resultate bis jetzt noch nicht publ'cirt sind, cf. de Rossi im „Bulletin d'archéologie chrétienne" 1879 p. 91. 96.

Neubaur.

6

II.
Schulnachrichten.

I. Lehrplan.

Da der Lehrplan im grossen und ganzen derselbe geblieben ist wie im Schuljar 1878—9, so beschränke ich mich diesmal darauf nur die in den verschiedenen Klassen gelesenen Autoren namhaft zu machen.

A. Lateinisch.

Prima: Im Sommer: Vergil's Aeneis, Buch II. Im Winter: Oden des Horaz und einige Satiren.

Ober-Secunda: Curtius ausgewählte Stücke aus lib. V. Ovid Metamorph. lib. XIII.

Unter-Secunda: Ovid Metam. ausgewählte Stücke aus lib. III und IV. Caesar de bello gall. aus lib. I, V und VI, ausgewählte Stücke.

Ober-Tertia: Caesar bellum Gallicum, lib. II, III und den Anfang von IV.

Unter-Tertia: Caesar bellum Gallicum, lib. IV, c. 20—38 (Schluss) und lib. V, c. 1—23.

B. Französisch.

Prima: Moliere le Misanthrope und le Tartufe, ausserdem privatim Schütz les grands faits de l'histoire de France Tome II. 1, 2. 4, 6 und 7.

Ober-Secunda: Corneille Horace und le Cid.

Unter-Secunda: L'histoire de mon temps, Chapitre II—V, par Frédéric le Grand.

6*

C. Englisch.

Prima: Jrving's Sketch-book, A Child's History of England, Shakespeare Julius Caesar. Privatlecture Stories and Sketches by Kokemüller.

Ober-Secunda: A Child's History of England Vol. II by Charles Dickens, The Sketch-book by Washington Jrving. Privatlecture Vicar of Wakefield I—V by Goldsmith.

Unter-Secunda: A Child's History of England Vol. I, Chapt. X—XV.

Themata

zu den wärend des Schuljares in Prima und Secunda gefertigten Aufsätzen.

Prima.

Im Deutschen:

1. Mein Lebenslauf. 2. Aus der Privatlektüre. 3. Welchen Nutzen gewährt die Führung eines Tagebuchs? 4. Aus der Privatlektüre. 5. Was bietet das zweite Buch der Aeneis für die Charakteristik ihres Haupthelden? 6. Geiz und Verschwendung (Ein Dialog). 7. Ueber poetische Gemälde nach Lessings Laokoon. 8. Was bieten die bisher gelesenen Oden des Horaz für die Lebensauffassung des Dichters dar? 9. Die äsopische Fabel und das Epigramm (Lessing). 10 a. Kurze Inhaltsangabe des Torquato Tasso (Abiturienten-Aufsatz). b. Welches sind die eigentlichen Quellen von Tassos Unglück? 11. Der Ehrgeiz von seiner guten und schlechten Seite. 12. Aus der Privatlektüre.

Im Französischen:

1. Guerres de Louis XIV contre la Hollande. 2. Guerre de Trente-ans. 3. Migrations des peuples. 4. Guerre de la succession d'Espagne. 5. Guerre du Nord. 6. Frédéric-Guillaume dit le Grand-Electeur. 7. Première guerre de Silésie. 8. Deuxième guerre de Silésie. 9. Les deux premières années de la guerre de Sept-ans. 10. Les deux dernières années de la guerre de Sept-ans. 11. Troisième partage de la Pologne. 12. Troisième guerre médique.

Im Englischen:

1. Peter the Great, Emperor of Russia. 2. Lewis the Pious. 3. The Sicilian Vespers. 4. Mucius Scaevola. 5. The Trojan war. 6. Cäsar's Death. 7. Solon's Laws. 8. Joan of Arc.

Ober-Secunda.

Im Deutschen:

1. a) Die Oertlichkeiten in Schillers „Wilhelm Tell". b) Ein Spaziergang nach dem Geizhals. 2. Erklärung einiger Gruppen synonymer Wörter. 3. Der Mensch der Erde. 4. Der Gang der Handlung in Lessings „Minna von Barnhelm". 5. Erklärung einiger Sentenzen aus „Wallenstein" oder „Braut von Messina" (nach eigener Wahl) im allgemeinen und mit Bezugnahme auf die Situation. 6. Ist es gut, eine allgemeine Lebensregel zu seinem Wahlspruch zu machen? 7. a) Die Würde der Wissenschaft. b) Der wahre Lebensgenuss. 8. a) Entstehung des 30jähr. Krieges nach Schiller. b) Teilnahme Frankreichs an dem dreissigjährigen Kriege nach Schiller. 9. a) Neugier und Wissbegier. b) Eigenlob, Freundeslob, Feindeslob. 10. Ueber Gothes Gedicht „Hans Sachsens poetische Sendung." (Zur Ascensionsprüfung). 11. Disposition eines Aufsatzes aus dem Lesebuche.

Unter-Secunda.

Im Deutschen:

1. a) Die Tiroler. b) Die Erfindung der Buchdruckerkunst. 2. a) Die Luftschifffahrt. b) Die Pflanzenwelt in den vier Jahreszeiten. 3. Erklärung einiger Gruppen synonymer Wörter. 4. a) Bürgers „Lenore". b) Schillers „Der Kampf mit dem Drachen" (Clausurarbeit). 5. a) Hectors Abschied. b) Sprüche des Confucius. c) Das Räthsel vom Pfluge. 6. a) Ira furor brevis est; animum rege. b) Das Wort der Freundschaft (Chrie). 7. a) Keine Eiche fällt von einem Streiche. b) Morgenstunde hat Gold im Munde. 8. a) Glück und Glas, wie leicht bricht das. b) Man muss das Eisen schmieden, so lang es warm ist (Clausurarbeit.) 9. a) Disposition des ersten oder zweiten Gesangs von Göthes Hermann und Dorothea. 10. a) Ueber Schillers „Der Taucher". b) Ueber Chamisso's „Salas y Gomez" (Clausurarbeit).

Themata

zu den Abiturienten-Prüfungen: Michaelis 1879.

a) Deutscher Aufsatz:

Man lobet nach tode manigen man,

Der lob zur werlde nie gewan.

Freidank.

b) Französischer Aufsatz:

Alexandre le Grand.

c) Ein englisches Exercitium.

d) Mathematische Aufgaben:

1. $y^2 = yz \qquad x + y + z = 87 \qquad x^2 + y^2 + z^2 = 481.$

2. Es soll ein Kreisdurchmesser durch Drehung um seinen Mittelpunkt von einem anderen Durchmesser so weit abgelenkt werden, dass er bei der Rotation des Kreises um den letzteren zwei Scheitel-Kegel beschreibt, deren Mantelflächen innerhalb der Kugel dem Teile der Kugelfläche gleich sind, die ausserhalb der Kugelfläche liegt. Um wieviel Grad ist der erste Durchmesser vom zweiten abgelenkt?

3. Von einem Dreieck ist die Summe zweier Seiten s, der Inhalt des Dreiecks und der Radius des eingeschriebenen Kreises gegeben. Man sucht die Seiten des Dreiecks.

4. Gegeben ist eine Ellipse mit den Halbachsen a und b und eine gleichseitige Hyperbel, welche mit der Ellipse dieselben Brennpunkte hat. Welche Punkte haben die Kurven gemein und welche Winkel bilden in diesen Punkten die Tangenten beider Kurven miteinander?

e) Naturwissenschaftliche Aufgaben:

1. Ein Körper, dessen Masse gleichförmig vertheilt ist, besteht aus einem gleichschenkligen Dreiecke und den Flächen zweier Halbkreise, die über den Schenkeln des Dreiecks errichtet sind. Die Basis des Dreiecks ist c Meter, der Winkel an der Spitze 30°. Wo liegt der Schwerpunkt dieses Körpers?

2. Erklärung der Fraunhofer'schen Linien.

3. Welches sind die gebräuchlichsten weissen Farben, ihre chemische Zusammensetzung und Darstellung, und wie kann etwaige Verfälschung derselben technisch nachgewiesen werden?

Ostern 1880.

a) Deutscher Aufsatz:

Inhaltsangabe des Torquato Tasso von Göthe.

b) Ein französisches Exercitium.

c) Englischer Aufsatz:

Third Persian War.

d) Mathematische Aufgaben:

1. $$x^3 + y^3 = 91\ xy,$$
$$x + y = 7.$$

2. In den Mittelpunkt einer Ellipse, deren grosse Achse 2 a und deren lineare Excentricität 2 c ist, fällt der Scheitelpunkt einer Parabel, die Brennpunkte beider Kegelschnitte liegen zusammen. In welchem Punkte schneiden sich die Kurven und welche Winkel bilden in diesem Punkte die Tangenten mit einander.

3. Von einem Dreiecke ist das Verhältniss von Grundlinie und Höhe $\frac{h}{c} = a$, eine Seite a und die Mittellinie b nach ihr gegeben; das Dreieck soll trigonometrisch berechnet werden. $a = \frac{1}{2}$, $a = 2$ m., $b = 3$ m.

4. Zwei Parallelkreise liegen auf verschiedenen Seiten des Mittelpunkts einer Kugel, deren Radius r ist. Die Entfernung ihrer Mittelpunkte ist h. Die Summe der Kegel, welche die Parallelkreise zu Grundkreisen und den Mittelpunkt der Kugel zur Spitze haben, beträgt $\frac{1}{4}$ der Schicht zwischen den Parallelkreisen. In welche Stücke wird h durch den Mittelpunkt der Kugel geteilt? Wie verhalten sich im Besonderen die Teile, wenn
' $h = r$ ist?

e) Naturwissenschaftliche Aufgaben:

1. Die Kugel einer Windbüchse wiegt 4, 5 g; der Druck gegen die Kugel ist unveränderlich 72 kg. Wenn nun die Kugel von dem Augenblicke an, in dem man durch das Oeffnen des Ventils die comprimirte Luft gegen sie wirken lässt, in $\frac{1}{600}$ Secunde den Lauf durcheilt, welche Geschwindigkeit hat dann die Kugel beim Verlassen des Laufes, wenn man auf die Reibung der Kugel an den Wänden keine Rücksicht nimmt, und wie weit fliegt die Kugel, wenn die Achse der Büchse einen Winkel von 1° mit dem Horizont bildet?

2. Ein leuchtender Gegenstand steht senkrecht zur Achse eines Hohlspiegels und erzeugt a Meter vor demselben ein b Meter hohes Bild. Es wird darauf der Spiegel a Meter dem Gegenstande genähert. Es entfernt sich dadurch das Bild noch um $\frac{a}{b}$ Meter vom Spiegel. Welchen Krümmungsradius hat der Spiegel, welche Entfernung und welche Höhe der Gegenstand?

3. a. Ueber die Verbindungen des Kohlenstoffes mit dem Sauerstoff.

b. Wieviel l Kohlenoxyd und Kohlendioxyd sind aus 1,5 kgr krystallisirte Oxalsäure bei 18° und 756 mm. Druck zu gewinnen?

c. 0,4 gr Oxalsäure, mit Chamäleon titrirt, erforderten 97,36 C. C. davon, wieviel C. C. Chamäleon entsprechen demnach 1 C. C. Normaloxalsäurelösung.

Tabellarische Uebersicht des Lehrplans und der Verteilung der

Klasse	I	OII	UII	OIII	UIII	IVA
Ordinarius	Gützlaff	Nagel	Schneider	Kutsch	Genrich	Behring
1. Dr. Brunnemann, Director.	4 Französ.	4 Französ.				4 Französ.
2. Professor Schilling, 1. Oberlehrer.	3 Englisch	3 Englisch	3 Englisch 4 Französ.	4 Englisch	4 Englisch	
3. Dr. Nagel, 2. Oberlehrer.	4 Chemie	2 Chemie 2 Naturg.	2 Naturg. 2 Chemie	2 Naturg.	2 Naturg.	2 Naturg.
4. Dr. Dorr, 3. Oberlehrer.	2 Gesch.	2 Gesch. 1 Geogr.	2 Gesch. 1 Geogr.		2 Gesch. 2 Geogr.	•
5. Dr. Gützlaff, 4. Oberlehrer.	3 Deutsch 3 Latein			2 Religion 5 Latein 4 Französ.		
6. Genrich, 1. ord. Lehrer.					3 Deutsch 5 Latein	6 Latein
7. Kutsch, 2. ord. Lehrer.				3 Deutsch 3 Rechnen	3 Rechnen	3 Rechnen
8. Dr. Schneider, 3. ord. Lehrer.	5 Mathem. 2 Physik 1 Geogr.	5 Mathem. 2 Physik	5 Mathem. 2 Physik			
9. Wittke, 4. ord. Lehrer.		3 Deutsch 4 Latein	3 Deutsch	3 Deutsch	2 Religion	
10. Fabian, 5. ord. Lehrer.			4 Latein			4 Französ.
11. Borth, 6. ord. Lehrer.				3 Geometr.	3 Geometr.	3 Geomet.
12. Dr. Neubaur, 7. ord. Lehrer.	2 Religion	2 Religion	2 Religion			2 Religion
13. Zimmermann, 1. wissensch. Hilfslehrer.						
14. Behring, 2. wissensch. Hilfslehrer.				2 Gesch. 2 Geogr.		3 Deutsch 2 Gesch. 2 Geogr.
15. Kaufmann, Zeichenlehrer.	2 Zeichnen	2 Zeichnen	2 Zeichnen	2 Zeichnen	2 Zeichnen	2 Zeichn.
16. Döpner, 1. Elementarlehrer.						
17. Arnsberg, 2. Elementarlehrer.	•					2 Schreib.
Summa	37	38	38	38	38	38

Lectionen unter die Lehrer wärend des Schuljares 1879|80.

IVD	VA	VB	VIA	VIB	1	2	
Wittko	Fabian	Neubaur	Borth	Zimmermann	Arnsberg	Döpner.	
							13
							21
2 Naturg.							20
2 Gesch. 2 Geograph. 5 Franzos.	2 Naturg.	2 Naturg.		2 Naturg.			21
							22
			8 Latein				23
5 Rechnen	4 Rechnen	4 Rechnen					23
							22
2 Religion 3 Deutsch 6 Latein	3 Religion						23
	6 Latein 5 Franzos.	5 Franzos.					24
3 Geometrie			5 Rechnen 2 Naturg.	5 Rechnen			24
2 Religion		3 Religion 4 Deutsch 6 Latein	3 Religion				24
		1 Geograph. 2 Geschicht.	4 Deutsch 1 Geogr. 2 Geschicht.	4 Deutsch 8 Latein 2 Geschicht. 1 Geograph.			25
2 Geschicht. 2 Geograph.	4 Deutsch 2 Geschicht. 1 Geograph.	4 Deutsch					26
2 Zeichnen	2 Zeichnen	2 Zeichnen	2 Zeichnen 3 Schreiben	2 Zeichnen 3 Schreiben			26
				2 Gesang	16	6	26
					2 Gesang		
2 Schreiben	2 Gesang				4	16	28
	2 Schreiben	2 Schreiben					
38	37	37	36	36	22	24	416 447 87 comb.

7

Uebersicht

des Lehrplans nach Lehrgegenständen und wöchentlichen Stunden.

Wöchentliche Stundenzal.

Lehrgegenstände		Realschule.											Vorschule.		
	I	OII	UII	OIII	UIII	IVA	IVB	VA	VB	VIA	VIB	Sa.	1	2	Sa.
Religion	2	2	2	2	2	2	2	3	3	3	3	26	2	2	4
Deutsch	3	3	3	3	3	3	3	4	4	4	4	37	12	8	20
Latein	3	4	4	5	5	6	6	6	6	8	5	61	—	—	—
Französisch	4	4	4	4	4	5	5	5	5	—	—	40	—	—	—
Englisch	3	3	3	4	4	—	—	—	—	—	—	17	—	—	—
Geschichte u.Geographie	3	3	3	4	4	4	4	3	3	3	3	37	—	—	—
Naturwissenschaft . .	6	6	6	2	2	2	2	2	2	2	2	34	—	—	—
Mathematik u. Rechnen	5	5	5	6	6	6	6	4	4	5	5	57	6	4	10
Zeichnen	2	2	2	2	2	2	2	2	2	2	2	22	—	—	—
Schreiben	—	—	—	—	—	2	2	2	2	3	3	14	4	4	8
Singen		2			2		2		2			8	2		2
Turnen					3							—		—	—
	37	38	38	38	38	38	38	37	37	36	36	357	26	20	46

II. Verordnungen der Behörden,

soweit dieselben ein unmittelbares Interesse für die Eltern unserer Schüler haben.

Vom 11. Mai. P. S. C. teilt ein Ministerialrescript mit, wonach die Ferien fortan zu Pfingsten 6 Tage, im Sommer 4 Wochen, zu Michaelis, Weihnacht und Ostern je 14 Tage betragen sollen.

Vom 8. Januar. P. 8. C. bestimmt die Ferien für das Jar 1880 dahin, dass dieselben zu Ostern vom 24. März — 7. April, zu Pfingsten vom 15—23. Mai, im Sommer vom 5. Juli — 1. August. zu Michaelis vom 25. September — 10. October und zu Weihnacht vom 22. December — 6. Januar dauern.

III. Lehrapparat.

1. **Die Lehrer-Bibliothek**, die vom Lehrer Genrich verwaltet wird, erhielt an Geschenken:

1. von dem Department of the Interior of the United States, Bureau of Education: Circulars of Information of the Bureau of Education 1879. I—IV. — Report of the Commissioner of Education 1877. 2 vls.

2. die Programme der Königl. technischen Hochschulen zu Aachen und Hannover f. d. Cursus 1879/80), sowie Programm und Statuten der städtischen Baugewerk - Schule zu Höxter a. d. Weser,

3. vom Herrn Verfasser (Alb. Wallis - Upsala): Katechismus des Christenthums dritten Jahrtausend's.

4. von Herrn Stadtrath C. Lorentz hier: K. v. Spruner's Hand-Atlas f. d. Geschichte des Mittelalters u. d. neuer. Zeit. 3. Aufl. in 90 Karten. Gotha, J. Perthes, 1879.

Angeschafft wurden:

Publicationen a. d. Königl. Preuss. Staatsarchiven: 1) M. Lehmann, Preussen und die katholische Kirche seit 1640, Bd. 1; 2) Stadelmann, Friedrich Wilhelm I. und die Landescultur Preussens; 3) Memoiren der Churfürstin Sophie von Hannover, brsggb. v. Köcher; 4) Frédéric II., histoire de mon temps (Redaction v. 1746), brsggb. v. Posner. — Im neuen Reich. Wochenschrift 1879. 2 Bde. — Deutsche Schulgesetz-Sammlung 1879. — Rheinische Blätter für Erziehung und Unterricht 1879. — Zeitschrift f. d. Gymnasialwesen 1879. — Zeitung f. d. höhere Unterrichtswesen 1879. — Annalen d. Physik u. Chemie 1879. 3 Bde. — Neue Jahrbücher f. Philologie und Pädagogik 1879. 2 Bde. — Central - Organ f. d. Interessen d. Realschulwesens 1879. — Tagebuch des deutsch - französischen Krieges 1870/71. 3 Bde. — Poggendorff, Geschichte der Physik. — Scherer, Zur Geschichte der deutschen Sprache. — Geographische Mittheilungen 1879. — Zeitschrift f. mathematischen u. naturwissenschaftl. Unterricht 1879. — Archiv f. d. Studium d. neueren Sprachen u. Literaturen. Bd. 62, — Wander, Deutsches Sprichwörter - Lexikon, Lfr. 67—71. — Sachs, Deutsch-französisches Wörterbuch, Lfr. 20—23. — Friedländer, Die Zulassung der Realschulabiturienten zum Stud. d. Medizin. — Schrader, Die Verfassung der höheren Schulen. — Mittheilungen a. d. historischen Literatur 1879. — Centralblatt f. d. gesammte Unterrichtsverwaltung in Preussen 1879. — Deutsche Zeit — u. Streit — Fragen, Bd. 8 (Hft. 113—128). — Voigt, Geschichte des deutschen Ritterordens. 2 Bde. — Historische Zeitschrift 1879. 2 Bde. — Lazarus.

7 *

Ideale Fragen. — Faulmann, Illustrirte Geschichte der Schrift. — Gesundheit, Zeitschrift 1879. — Ihne, Römische Geschichte, Bd. 5. — Credner, Elemente der Geologie. — Jahresbericht üb. d. Fortschritte a. d. Gebiete d. reinen Chemie, Bd. 6 (1876). — Mollére-Museum, Hft. 1. — Kaufmann, Deutsche Geschichte bis auf Karl d. Grossen, Bd. 1. — Glass, Wörterbuch der Mythologie. — Weber, Allgemeine Weltgeschichte, Bd. 14. — Eichholtz, Quellenstudien zu Uhlands Balladen. — Wissenschaftliche Monatsblätter 1879. — Hauff, Schillerstudien. — Haym, Herder nach seinem Leben u. seinen Werken, Bd. 1. — Herbart, Sämmtliche Werke, 12 Bde. — Niebuhr, Römische Geschichte. — Droysen, Geschichte Alexanders d. Grossen. — Böckh, Die Stadthaushaltung der Athener. 3 Bde. — Wattenbach, Deutschlands Geschichtsquellen im Mittelalter. — Volkmann, Grundriss der Psychologie. — Erler, Die Directorenconferenzen i. d. Jahren 1876 u. 1877,

2. Die Schülerbibliothek, deren Leitung gleichfalls dem Lehrer Geurich übertragen ist, erhielt an Geschenken:

1. Von dem Abiturienten Behrends: Martus, Mathematische Aufgaben nebst Resultaten. 2 Bde.

2. Von dem Untersecundaner Koy: Koppe, Planimetrie u. Georg, Englische Grammatik.

Angeschafft wurden:

Deutsche Rundschau. 1879. 4 Bde. — Allgemeine Geschichte in Einzeldarstellungen, hrsggb. v. Oncken. Abt. 2 — 14. — Internation. wissenschaftl. Bibliothek. 36: Vignoli: Intelligenz im Tierreiche; 37: Wurtz, Atomistische Theorie; 38: Hartmann, Die Völker Afrikas; 39/40: Semper, Die natürlichen Existenzbedingungen der Tiere. — Der neue Plutarch, Bd. 5. — Aus allen Weltteilen, Bd. 10. — Berghaus, Sprachschatz der Sassen, Lfr. 5 — 8. — Osterwald, Erzählungen a. d. alten deutschen Welt. (Gesammtausgabe). 3 Bde. — Deutsche Jugendbibliothek (Fortsetzung v. Ferd. Schmidt) Bd. 46—55. — Allgemeine deutsche Biographie, Lfr. 41 — 50 (Bd. 9 — 10). — Edwards. A poetry book of elder poets; A poetry book of modern poets. — v. Horn: Aus der Maje, Bd. 3, 4. — Schulze-Guillemin: Die physikalischen Kräfte. Lfr. 7, 8, 13, 14. — Oertel, Otto II.; Otto III.; Th. Körner; Gutenberg. — Schupp. Die Eroberung v. Wiesbaden; Der Tabuntschik; Der Fürst und sein Hofprediger; Der Stanhub. — Grube, Naturbilder, Bd. 7 — 12. — Neue deutsche Jugendbibliothek, Bd. 27—33. — Sammlung wissenschaftl. Vorträge, hrsggb. von Virchow u. v. Holtzendorff, Hft. 313—336 (Ser. 14). — Die Geschichtsschreiber der deutschen Vorzeit: 4: Chronik des Thietmar v. Merseburg; 5: Chronik Fredegars und der Frankenkönige; 6: Paulus Diaconus u. die übrig. Geschichtschreiber d. Longobarden; 8: Kaiser Karls Leben von Einhard; 10: Der Mönch v. St. Gallen; 11: Kaiser Ludwigs des Frommen Leben v. Thegan; 12, 16: Zehn Bücher fränkischer Geschichte v. Gregor v. Tours. 2 Bde.; 13: Nithards vier Bücher Geschichten; 15: Chronik Herimans v. Reichenau; 18: Widukinds sächsische Geschichten; 22: Aus Liudprands Werken; 23: Richers vier Bücher Geschichten; 30, 32: Chronik des Abtes Regino v. Prüm u. Fortsetzung; 44: Leben des hl. Bonifacius etc.; 53: Wipo, Leben Kaiser Konrads II.; 54: Ekkeharts Casus Sancti Galli; 55: Eugippius, Leben des hl. Severin. — Staatengeschichte der neuest.

Zeit, Bd. 23: v. Bernhardi, Geschichte Russlands, Bd. 8; Bd. 24: v. Treitschke, Deutsche Geschichte, Bd. 1. — Düntzer, Uhlands Balladen u. Romanzen, erläut. — Jean Paul: Katzenbergers Badereise. — Grässe, Sagenbuch des preussisch. Staates, Lfr. 1—10. — Herder, Sämmtliche Werke, hrsggb. v Suphan, Bd. 4, 10, 11. — Deutsche Dichter des 16. Jahrhdts.: Bd. 11: Th. Murner, Narrenbeschwörung; Bd. 12: Schwänke; Bd. 13: Die Schauspiele der engl. Komödianten in Deutschland. — Cornelius, Grundriss der physikal. Geographie. — Lindau, Alfred de Musset. — Strodtmann, G. E. Lessing. Nach Sime. — Hölders geograph. Jugend- u. Volksbibliothek, Bd. 1—4. — Wanderungen im Reiche der Natur. Aus d. Holl. v. Jütting. — W. Hahn, Deutsche Poetik. — Der deutsch-französische Krieg, Hft. 15. — Falk, Elbingisch - preussische Chronik und Lobspruch der Stadt Elbing. — Th. Storm, Gesammelte Schriften, Bd. 7 — 10. — Die Naturkräfte: Bd, 21. 22. Graber, Die Insecten; Bd. 23: G. Mayr, Die Gesetzmässigkeit im Gesellschaftsleben; Bd. 24: Pfaff, Die Naturkräfte in den Alpen. — Die Jugendwelt. Wochenschrift. Bd. 2. — Schulausgaben deutscher Klassiker: Platen, Ausgewählte Gedichte; Walther v. d. Vogelweide u. seine Schüler, — Das Nibelungenlied, übers. v. L. Freytag. — Neue Jugendbibliothek. Bd. 3: Schmidt, M. Luther; Bd. 4: Sturm, Bonifacius; Bd. 5: Juhnke, Jürg Wullenweber; Bd. 6: Bonnell, Heinrich I. u. seine Gemahlin. — Gündel, Deutsche Geschichte in deutschen Gedichten. — Schmidt, Illustrirte Geschichte Preussens, Lfr. 1—9. — v. Hesse-Wartegg, Nord-Amerika, Bd. 2, 3. 4 (Schluss). — Lohmeyer, Geschichte v. Ost- u. Westpreussen, Abt. 1. — Baumgarten, A travers la France nouvelle. — Witt, Griechische Götter- u. Heroengeschichten. — Spamer, Neue Volksbücher, Bd. 1—4. — Jahrbuch der Erfindungen, Bd. 15. — Biographische Blätter aus deutscher Geschichte, Bd. 1, Abt. 1. — Hiltl, Unser Kronprinz Friedrich Wilhelm. — Acten der Ständetage Ost- u. Westpreussens, Bd. 2, Lfr. 1. — Charakterspiegel in Sage u. Geschichte. — Becker, Griechische Geschichte f. d. Jugend, Bd. 1. — Stein (Nietschmann), Ein getreuer Knecht. — Schmitt, Die Provinz Westpreussen. — Mayer, Leitfaden der deutschen Poetik. — Bender, Rom, Abt. 1. — Laube, Dramatische Werke (1—12) 4 Bde.

3. Für das physikalische Cabinet, verwaltet vom ord. Lehrer Dr. Schneider, wurden angeschafft: Ein Kreisel, ein Dasymeter, ein Saccharimeter, ein Apparat zur Demonstrirung der Brechung des Lichtes in Flüssigkeiten, ein Schwefelkohlenstoffprisma, eine Baumschraube zum Fernrohre und eine Tangentenboussole. Geschenkt erhielt die Sammlung von Herrn Professor Schilling eine Sonnenuhr in Etui.

4. Für die chemische Sammlung, welche Oberlehrer Dr. Nagel verwaltet, wurden angeschafft: Die zum Experimentiren nothwendigen Chemikalien, eine Sammlung künstlicher Nachbildungen von 7 der grössten Diamanten, eine do. von 40 diversen Edelsteinen, eine Sammlung der Mineralien der Härtescala in Carton, sowie die „Anleitung zum Experimentiren" von Heubach.

Geschenkt wurde von Herrn Ingenieur Kohlert eine Anzahl selbstgefertigter Zeichnungen von Apparaten zur Spiritusbrennerei, von Herrn P. Junzen Kunststeinproben und Zeichnung dazu; vom Primaner Zimmermann Proben von feuerfesten Ziegeln.

5. Die naturhistorische Sammlung, welche gleichfalls vom Oberlehrer Dr. Nagel verwaltet wird, wurde durch Ankauf um folgende Gegenstände vermert: An ausgestopften Thieren: 1 Hypudaeus arvalis, 1 Mus musculus, 1 Lemnus norwegicus, 1 Olectodus auritus, 1 Fiber zibethicus, 1 Musicapa grisola, 1 Mus minutus, 1 Uria grylle, 1 Ardea cinerea, 1 Thalassidroma pelagica, 1 Phasianus colchicus, 1 Fringilla caelebs, 1 Fr. canaria, 1 Fr. carduelis, 1 Fr. spinus, 1 Passer campestris, 1 Coccothraustes vulgaris, — an Spirituspräparaten: 1 Salpa pinnata, 1 Pyrosoma giganteum, 1 Cynthia papillata, 1 Botryllus stellatus, 1 Hirudo medicinalis, 1 Arenicola piscatorum, 1 Lumbricus terrestris, 1 Anatifera striata, ferner 2 Serien der Leutemann'schen Abbildungen.

An Geschenken erhielt die Sammlung zunächst vom zoologischen Museum zu Königsberg durch die Güte des Herrn Professor Dr. Zaddach eine Collection von 20 Crustaceen in Glaskasten und ein Flügelpräparat von Turdus Whitei (einer äusserst seltenen Drosselart, welche durch die Freundlichkeit des Herrn Forstrath Kuntze dem Cabinet zugegangen war); — ferner 1 Labyrinthkoralle und 1 Seestern von Herrn Professor Schilling, sodann 15 zum Theil sehr grosse und schöne südamerikanische Käfer vom Quartaner Schulz, 6 präparirte Schädel (Pferd, Hund, Katze, Hase, Schwein, Schaf) vom Untersecundaner Korn, 2 Korallen vom Untersecundaner Jacobi, 3 selbstgefertigte Krystallmodelle vom Obersecundaner Raffel und diverse in den Lehmgruben von Lenzen gefundene thierische und pflanzliche Reste vom Primaner Schmidt. Für alle diese Geschenke sei hiermit der beste Dank gesagt.

6. Die geographische Sammlung, deren Verwaltung dem Oberlehrer Dr. Dorr übertragen ist, erhielt einen Zuwachs durch die Reliefkarten von Asien und der Schweiz (Berlin, Ernst Schotte),

7. Für den Zeichenapparat, verwaltet von dem Zeichenlehrer Kaufmann, wurden angeschafft: Jullien, Ornements classiques. Veith, 2 Hefte ausgeführte Studienköpfe. Doll, Sepiaschule.

8. Für die Musikalien-Sammlung, welche der Gesang- und Vorschullehrer Arnsberg verwaltet, wurden angeschafft: Fr. Erk und Ludwig Erk, Frische Lieder und Gesänge für gemischten Chor, III. Heft, 65 Exemplare.

IV. Zur Geschichte und Statistik der Anstalt.

1. Die Schüler.

Die Zal der Schüler betrug bei Abfassung des vorigen Jaresberichtes 462; die höchste Schülerzal im Sommersemester 1879 war 449 im Wintersemester 1879—1880 betrug sie 447; davon befanden sich in der Realschule im Sommer 406, im Winter 402, in der Vorschule im Sommer 43, im Winter 45.

Auf die einzelnen Klassen verteilen sich die Schüler:

Sommersemester 1879		Wintersemester 1879—80
I	31	31
OII	21	20
UII	40	48
OIII	45	47
UIII	51	54
IVA	28	33
IVB	38	50
VA	39	36
VB	37	41
VIA	34	41
VIB	42	22
1. El.	26	25
2. El.	17	20.

Seit Ostern (1. März) 1879 haben 67 Schüler die Anstalt verlassen, wärend im Laufe des Schuljares 82 aufgenommen worden sind.

Mit dem Zeugnis der Reife wurden entlassen

Michaelis 1879:

206. Gerhard Behrendt aus Siebenhuben, $20\frac{1}{2}$ Jare alt, Son eines Gutsbesitzers, mennonittischer Confession, $4\frac{1}{2}$ Jare auf der Anstalt, $2\frac{1}{2}$ Jare in Prima, er beabsichtigt Chemie zu studiren.

207. Adolf Flindt aus Lindenau, 21 Jare alt, Son eines Rentiers, evangelischer Confession, 9 Jare auf der Anstalt, 2 Jare in Prima, er will sich dem Studium der Mathematik und Naturwissenschaften widmen.

In der am 25. September 1879 unter dem Vorsitz des Kgl. Prov.-Schulrats Herrn Dr. Kruse abgehaltenen Prüfung erhielten beide das Prädicat genügend.

Ostern 1880:

208. Paul Terletzki aus Elbing, 17 Jare alt, Son eines Orgelbauers, katholischer Confession, 9 Jare auf der Anstalt, 2 Jare in Prima, er will Chemiker werden.

209. Arthur Kickton aus Elbing, 19 Jare alt, Son eines verstorbenen Gasthofbesitzers, evangelischer Confession, 9 Jare auf der Anstalt, 2 Jare in Prima, er beabsichtigt Chemiker zu werden.

210. Louis Grufkl aus Elbing, 19½ Jare alt, Son eines Gürtlers, evangelischer Confession, 9 Jare auf der Anstalt, 2 Jare in Prima, er beabsichtigt Mathematik zu studiren.

211. Max Abraham aus Elbing, 19½ Jare alt, Son eines verstorbenen Besitzers, evangelischer Confession, 11 Jare auf der Anstalt, 2 Jare in Prima, er will sich dem Postfache widmen.

212. Ernst Mewis aus Arnsfelde, 18¾ Jare alt, Son eines Bürgermeisters, evangelischer Confession, 9 Jare auf der Anstalt, 2 Jare in Prima, er beabsichtigt Mathematik zu studiren.

213. Hermann van Riesen aus Elbing, 18¾ Jare alt, Son eines verstorbenen Kaufmanns, evangelischer Confession, 9 Jare auf der Anstalt, 2 Jare in Prima, er wird Apotheker.

214. Kurt Nagel aus Tilsit, 20¾ Jare alt, Son eines Arztes, evangelischer Confession, 3 Jare auf der Anstalt, 2 Jare in Prima, er hat die Absicht neuere Sprachen zu studiren.

215. Bruno Elert aus Gr. Nossin, 22 Jare alt, Son eines Rittergutsbesitzers, evangelischer Confession, 2 Jare auf der Anstalt und in Prima, er tritt in die Armee ein, um auf Avancement zu dienen.

216. Richard Scholz aus Broeske, 22 Jare alt, Son eines Besitzers, evangelischer Confession, 5 Jare auf der Anstalt, 2 Jare in Prima, er will sich dem Studium der Naturwissenschaft widmen.

217. Herr Heinrich Stolz, Architekt und Reserve-Officier, aus Zinten, 30 Jare alt, evangelischer Confession, als Extranens, nachdem er sich schon durch den Besuch der polytechnischen Anstalten zu Aachen und Braunschweig, sowie der Bau-Akademie in Berlin zum Eintritt in den Staatsbaudienst vorbereitet.

In der am 4. Februar 1880 unter dem Vorsitz des Königl. Prov.-Schulrats Herrn Dr. Kruse abgehaltenen Prüfung erhielten Terletzki und Klekton das Prädicat gut, die übrigen das Prädicat genügend, Terletzki, Klekton und v. Riesen unter Erlass der mündlichen Prüfung.

Durch den Tod verloren wir den Schüler der zweiten Vorschulklasse Willy Haarbrücker und den Schüler der Unter-Tertia Max Sperber, artige und fleissige Knaben, die Freude ihrer Eltern, denen sie, Ersterer am 13. September 1879 und Letzterer am 3. März 1880 nach kurzen, aber schweren Leiden entrissen wurden. Ihre Mitschüler geleiteten ihre sterbliche Hülle zur letzten Ruhestätte, wo von dem engeren Chor einige Grabgesänge ausgefürt wurden.

Der jetzige Bestand beträgt nach dem Vorausgeschickten 445 Schüler, von denen 329 einheimisch, 116 auswärtig, 361 evangelisch, 26 mennonitisch, 23 katholisch und 35 jüdisch sind.

2. Geschäftsverker des Directors.

Derselbe belief sich im Laufe des Jares 1879 auf 432 Schreiben, die im Interesse der Schule oder einzelner Schüler von Behörden oder Privaten an den Director gerichtet wurden und die derselbe in 178 Schreiben beantwortete.

Ausserdem stellte derselbe 6 Abgangs- und 41 Berechtigungszeugnisse zum einjärigen frei-
willigen Militärdienst aus.

3. Schulfeierlichkeiten und Ferien.

Am 18. April. Besichtigung der Schule durch den Herrn Ober-Präsidenten von Ernsthausen.

Am 21. April. Beginn des Schuljahres 1879—1880.

Am 11. Juni. Feier der goldenen Hochzeit Ihrer Majestäten.

Am 13., 14. und 18. Juni. Spaziergang einzelner Klassen.

Am 2. September. Sedanfeier durch Gesang und Festrede eines Schülers.

Am 9. September. Empfang Ihrer Majestäten auf dem Bahhof.

Am 23. September und am 4. Februar. Abiturienten-Prüfungen unter dem Vorsitz des Herrn Prov.-
Schulrat Dr. Kruse, denen Herr Oberbürgermeister Thomale als Local-Kommissarius
beiwonte.

Am 22. März. Feier des Allerhöchsten Geburtstages S. M. des Kaisers Wilhelm durch Gesang und
Festrede des o. L. Wittko.

Die Osterferien warten vom 5. bis zum 21. April, die Pfingstferien vom 31. Mai bis 5. Juni
die Sommerferien vom 6. Juli bis zum 4. August, die Herbstferien vom 27. September bis zum 13.
October, die Weihnachtsferien vom 20. December bis zum 5. Januar.

Ausserdem fiel der Unterricht am 5. August der grossen Hitze wegen aus.

V. Benachrichtigung.

Der Sommercursus beginnt Donnerstag, den 8. April.

Bei der Aufname in die Realschule wird eine Einschreibegebür von drei Mark zur Schulkasse
erhoben, das Schulgeld beträgt einschliesslich des Turngeldes in allen Klassen 20 Mark vierteljärlich, in der Realschule werden ausserdem fünfzig Pfennige Bibliothekageld vierteljärlich gezalt.

Die zur Aufname in die Sexta der Realschule zu Elbing erforderlichen Kenntnisse und Fertigkeiten sind: Geläufigkeit im Lesen deutscher und lateinischer Druckschrift, eine reinliche und leser-
liche Handschrift, Fertigkeit Dictirtes one grobe orthographische Feler nachzuschreiben, Sicherheit
in den vier Rechnungsarten mit gleichbenannten Zalen.

Für die Aufname in die übrigen Klassen der Realschule giebt das alljärliche Schulprogramm das Maas der notwendigen Kenntnisse und Fertigkeiten an, wonach ich die Herren Rectoren und Vorsteher derjenigen Schulen, deren Schüler auf die hiesige Realschule überzugehen pflegen, sich genau zu richten bitte, weil die Aufname in eine bestimmte Klasse an die Bedingung geknüpft wird, dass der Aufzunemende in allen Gegenständen sich das Pensum der nächst niederen Klasse gut angeeignet hat. Beim Eintritt ist ein Abgangszeugnis von der früher besuchten Schule, sowie ein Impf- resp. Wiederimpfungsattest beizubringen.

Auswärtige Schüler dürfen ihre Wonung nur mit Genemigung des Directors nemen oder ändern, hingegen bin ich stets im Stande, gute Pensionen nachzuweisen.

VI. Ordnung der öffentlichen Prüfung.
Dienstag, den 23. März,
von 9 Uhr ab.

Choral.

Beide Vorbereitungsklassen: Religion. Döpner.
    Walter Nagel: Vom necklustigen Caro.
    Hans Janzen: Spitz und Gänse van Joh. Trojan.
    Otto Gehrmann: Der alte Husar von Hoffmann von Fallersleben.

Erste Vorbereitungsklasse: Rechnen. Döpner.
    Hugo Krause: Der Milchtopf von Joh. Benj. Michaelis.
    Walter Passarge: Der Knabe und die Mücken von Christ. Fürchtegott Gellert.

Sexta A und B: Deutsch. Zimmermann.
    Albrecht Koerbin: Die zwei Hunde von Pfeffel.
    Heinrich Wegner: Der Geizige und der Affe von Hagedorn.

Quinta A und B: Gesang. Arnsberg.
    Max Gerlach: Das Riesenspielzeug von Chamisso.
    Ernst Wölke: Der Trompeter von Kopisch.

Quarta A:	Geographie. Behring.
	Otto Homann: Der Prozess von Gellert.
	Paul Berner: Taillefer von Uhland.
Ober-Tertia:	Arithmetik. Kutsch.
	Theodor Hecht aus O. III: Moskau's Brand von Gaudy.
	Theodor Stranbe aus U. III: Le menteur puni.
	Albert Schulz aus U. III: Rule Britannia.
Unter-Secunda:	Geschichte. Dorr.
	Karl Roth ans U. II: Chor aus der Braut von Messina „Sage was werden wir jetzt beginnen."
	Max Fleischauer aus U. II: Ye mariners of England.
	Wilhelm Lehmann aus O. II: Ov. Metam. XIII, 123—161.
	Arnold Wiens aus O. II: Le Cid IV. 3.
Prima:	Latein. Gützlaff.
	Otto Koch in französischer Sprache über „Molière."
	Louis Grafki über „Torquato Tasso eine Dichternatur."

Entlassung der Abiturienten durch den Director.

Schlussgesänge.

Zu dieser Schulfeierlichkeit habe ich die Ehre, die hoch- und wohllöblichen städtischen Behörden, namentlich Einen hochlöblichen Magistrat als Patron und Herrn Oberbürgermeister Thomale als Curator der Schule, die Eltern und Pfleger unserer Schüler, sowie alle Freunde des öffentlichen Unterrichts im Namen der Anstalt ganz gehorsamst einzuladen.

Zur Prüfung und Anname neuer Schüler werde ich am Mittwoch den 7. April in den Vormittagsstunden von 9 bis 12 in dem Conferenz-Zimmer in dem Realschulgebäude, parterre, bereit sein.

Elbing, den 20. März 1880.

Der Director Dr. Brunnemann.